Th. Hilgard

Über Beibehaltung oder Abschaffung der Todesstrafe

Mit besonderer Beziehung auf Mittermaiers letzte Schrift über diesen Gegenstand

Th. Hilgard

Über Beibehaltung oder Abschaffung der Todesstrafe
Mit besonderer Beziehung auf Mittermaiers letzte Schrift über diesen Gegenstand

ISBN/EAN: 9783743489288

Hergestellt in Europa, USA, Kanada, Australien, Japan

Cover: Foto ©Suzi / pixelio.de

Manufactured and distributed by brebook publishing software
(www.brebook.com)

Th. Hilgard

Über Beibehaltung oder Abschaffung der Todesstrafe

Ueber

Beibehaltung oder Abschaffung

der

Todesstrafe.

Mit besonderer Beziehung auf Mittermaiers letzte
Schrift über diesen Gegenstand.

Von

Th. Hilgard,

gew. K. Bayer Appellationsgerichtsrathe.

—   ❦   ·   — ——

Stuttgart.
Carl Grüninger.
1868.

Druck der K. Hofbuchdruckerei Zu Guttenberg (Carl Grüninger).

Die hochwichtige auf dem Titelblatt bezeichnete Frage bildet seit einer Reihe von Jahren den Gegenstand lebhafter Verhandlungen und großer Meinungsverschiedenheit bei den Denkern so wie bei den gesetzgebenden Behörden vieler civilisirten Länder. Sie ist eine der interessantesten, bedeutendsten und schwierigsten Tagesfragen. In einer Zeit, wo das Streben nach freisinnigen Reformen aller Art so lebendig und so thätig ist, darf man sich nicht wundern, daß es Viele gibt, welche die gänzliche Abschaffung der Todes= strafe verlangen, da diese Maßregel auf den ersten Blick einen Glorienschein von Liberalismus und Humanität um sich trägt, während auf der andern Seite viele ernste, erfahrene und zugleich liberale Männer, zwar die äußerste Beschränkung der Todesstrafe befürworten, jedoch die gänzliche Aufhebung derselben als voreilig oder überhaupt als unausführbar betrachten. Vor einigen Jah= ren kam diese Frage in der zweiten Kammer des Großherzogthums Baden bei Gelegenheit der Strafprozeßordnung zur Sprache. Die Verhandlung war nicht sehr umfassend oder tief gehend, weil man einsah, daß sie eigentlich dem Strafgesetzbuch und nicht dem Strafverfahren angehöre. Indessen hatte sie doch das Resultat, daß die Kammer mit großer Mehrheit erklärte, „die Ab= schaffung der Todesstrafe sei wünschenswerth", — und daß diese Erklärung in das Protokoll aufgenommen wurde. Seitdem ist jedoch die Frage in den badischen Kammern nicht weiter zur Verhandlung gekommen. Dagegen ist sie seit jener Zeit in andern Ländern vielfach besprochen und vorläufig entschieden worden, meist gegen die Wünsche der Abolitionisten. Am 22. März 1867 beschloß die zweite Kammer in München, mit 87 gegen 44 Stimmen, den König um ein Gesetz über Abschaffung der Todesstrafe zu bitten; aber die Kammer der Reichsräthe ver=

1

warf diesen Antrag, in ihrer Sitzung vom 16. November 1867, einstimmig.

Besonders lebhaft entbrannte dieser Kampf in der allerneuesten Zeit — seit Anfang 1868. Am 7. Februar dieses Jahres beschloß der große Rath des Cantons Freiburg (Schweiz) die Wiedereinführung der Todesstrafe, die eine Reihe von Jahren hindurch daselbst abgeschafft war. Der in demselben Sinn abgefaßte Bericht der Kommission bemerkt, daß die Wiedereinführung dieser Strafe von mehrfachen Petitionen, worunter eine mit mehr als 1800 Unterschriften, verlangt werde, und daß auch die Kommission sie für gerecht und nöthig halte. Der Beschluß erfolgte mit der Mehrheit von 49 gegen 32 Stimmen.— Am 29. Februar 1868 wurde in der zweiten Kammer zu Stockholm ein Antrag auf Abschaffung der Todesstrafe mit 100 gegen 69 Stimmen verworfen. Dasselbe geschah am 21. April 1868 im Unterhause zu London mit einer Mehrheit von 127 gegen 23 Stimmen. In Sachsen hatte die zweite Kammer im Mai 1868 sich mit namhafter Mehrheit für die Aufhebung der Todesstrafe erklärt; aber am 19. Mai wurde sie, nach siebenstündiger Debatte, von der ersten Kammer mit 22 gegen 15 Stimmen abgelehnt. Allein in der Schlußsitzung beider Kammern vom 28. Mai fand eine nochmalige Abstimmung darüber Statt. Die erste Kammer lehnte die Vorlage abermals mit 20 gegen 16 Stimmen ab, die zweite aber nahm sie mit 40 gegen 24 an. Dieses Resultat galt nach der sächsischen Verfassung, die in einem solchen Falle eine Zweidrittelmajorität zur Verwerfung erfordert, als Annahme, und somit als Abschaffung der Todesstrafe.

Ferner meldet eine amerikanische Zeitung vom 17. Mai 1868, daß der mexikanische Congreß die Todesstrafe abgeschafft habe, eine Thatsache die, wenn der Gegenstand nicht so ernster Natur wäre, fast zum Lachen reizen könnte, da man sich kaum des Gedankens erwehren kann, daß in diesem verwilderten Lande, wo Raub und Mord mehr als irgendwo zu Hause sind, die Todesstrafe aufgehoben worden, um dieses einträgliche Geschäft desto ungestörter betreiben zu können.

Obgleich nun, wie schon bemerkt, die Gegner der Todes= strafe bisher sich nur eines verhältnißmäßig geringen Erfolges zu erfreuen hatten, so ist doch keineswegs anzunehmen, daß sie ihre Bestrebungen aufgeben werden; es ist vielmehr wahrscheinlich, daß der Kampf noch oft und von vielen Seiten erneuert und mit dop= pelter Anstrengung geführt werden wird. Denn Viele schwärmen eifrig für eine Sache, die einen so schönen Klang hat und deren ganze Schwere und Tragweite die Meisten nicht gründlich genug erkennen. Auch haben sie die Stimmen einiger sehr namhaften Schriftsteller für sich, — ein Umstand, der in einem Lande, wo der Autoritätsglaube so stark herrscht wie in Deutschland, von nicht geringem Gewicht ist. Der berühmteste und bedeutendste unter diesen Schriftstellern ist der leider jetzt verstorbene Geheime Rath und Professor Mittermaier in Heidelberg. Dieser edle und eben so gelehrte als warmherzige Lehrer der Rechte hatte es sich gewissermaßen zur krönenden Aufgabe seines reichen irdischen Wirkens gemacht, die Todesstrafe zu bekämpfen und ihre gänz= liche Abschaffung durchzusetzen. Dies war, wenn wir uns so ausdrücken dürfen, zu einer Art Leidenschaft bei ihm geworden, und so schrieb er vor mehreren Jahren über diesen Gegenstand ein Buch („Die Todesstrafe, nach den Ergebnissen der wissenschaft= lichen Forschungen. Heidelberg, 1862."), welches sehr berühmt ge= worden ist und bei dem großen Namen des Verfassers, sicherlich mehr als jedes andere dazu beigetragen hat, die gegen die Todesstrafe seitdem so häufig gerichteten Angriffe hervorzurufen und zu för= dern. Auch ist dasselbe in mehrere Sprachen übersetzt. Es dürfte daher an der Zeit sein, die in dieser Schrift aufgestellten Grund= ansichten, die Erfahrungen, auf welche sie sich beruft, und die Schlüsse die sie zieht, einer nähern und wo möglich ganz unbefan= genen Prüfung zu unterwerfen. Der Verfasser der gegenwärtigen Betrachtungen, selbst Criminalist und von langjähriger praktischer Erfahrung in diesem Fache, fühlte einen starken innern Drang, diese Aufgabe zu übernehmen, und zwar einzig und allein im In= teresse der Sache und der Wahrheit. Nebenrücksichten irgend einer Art sind ihm dabei um so fremder, als er selbst das Glück hatte, mit dem trefflichen Manne befreundet zu sein, und als er zu den aufrichtigsten Verehrern desselben gehört. In der Form aber glaubte er, fast durchgängig an die erwähnte Mittermaierische Schrift anknüpfen zu dürfen, da dieselbe a l l e Punkte, die in der vorliegenden Frage von Gewicht sein können, eingehend erörtert, also bei dieser Methode nicht leicht eine wesentliche Lücke bleiben wird. Im Uebrigen gedenken wir uns so kurz zu fassen, als der wichtige Gegenstand es nur immer gestattet und versprechen, uns dabei nach Kräften einer einfachen und scharfen Logik zu befleißen. Denn wir sind, was das Letztere betrifft, entschieden der Meinung, daß auch für die Frage über Rechtmäßigkeit und Nothwendigkeit der Todesstrafe, wie für jede andere die der W i s s e n s ch a f t angehört, ein fester, auf klaren wissenschaftlichen Grundsätzen ruhender Boden gewonnen werden kann und gewonnen werden muß, wenn sie aus der Sphäre nebelhafter und irreleitender Vorstellungen in das Gebiet lichtvoller Begriffe und unerschütterlicher Ueberzeugungen übertreten soll.

Wenn bei der oben erwähnten Verhandlung in der badischen Kammer ein Mitglied äußerte, die ganze Frage beruhe auf vielfachen, sich durchkreuzenden und widersprechenden Systemen, deren Werth ohngefähr i m G l e i ch g e w i ch t stehe, so war dies jedenfalls eine unwissenschaftliche Ansicht. Der Z a h l nach mögen die Schriften für und wider (die in der Mittermaierischen Abhandlung sehr zahlreich angeführt sind) sich ziemlich das Gleichgewicht halten; aber dem W e r t h e der Ansichten nach ist dies unmöglich. Denn in dieser Materie, wie in jeder andern, kann es nur e i n e richtige Theorie geben, und jede andere muß falsch sein. Die Wahrheit läßt sich nicht zersplittern und es ist eine logische Unmöglichkeit, daß sie auf der einen und zugleich auf der entgegengesetzten Seite stehen könne. Es kommt nur darauf an, das Richtige aufzufinden und festzuhalten.

M i t t e r m a i e r hat in seiner Schrift viel zur Beseitigung grober theoretischer Irrthümer gethan, die zum Theil von der Art sind, daß sie für den reifern Juristen kaum einer Widerlegung bedurften. Wir wollen daher, um kein unnöthiges Wort zu sa gen, die fogenannte abfolute oder Gerechtigkeitstheorie, mit ihren verfchiedenartigen Begründungsweifen und Deutungen — wie fie p. 58 u. 59 der M.'fchen Schrift erwähnt find, — und ebenfo die Expiationstheorie und die Talion oder Wiedervergeltungs- theorie, ganz mit Stillfchweigen übergehen; denn M.'s Widerlegung diefer unklaren, unwiffenfchaftlichen und haltlofen Anfichten (p. 59— 63) ift erfchöpfend und überzeugend. Wenn er bei diefer Gelegen- heit den Formalismus der deutfchen Philofophen hart mitnimmt, fo kann man ihm nur beipflichten. Doch bleibt dabei merkwürdig, daß Keiner derfelben fich unbedingt gegen die Todesftrafe erklärte. Sie hatten Alle das Gefühl und die Ueberzeugung ihrer Unent- behrlichkeit — wenigftens für gewiffe Fälle — und fuchten nun, Jeder in feiner Weife, diefe Anficht, fo wie ihre Ideen über die Begründung des Strafrechts überhaupt, in Formeln zu kleiden, die freilich im juriftifchen und praktifchen Sinn wenig oder gar keinen Werth haben.

Es fei uns geftattet, in einfachen Worten und mit abfichtli- cher Vermeidung aller Terminologie (die in diefer Materie fo leicht zu Mißverftand führt) — über das Recht zu ftrafen und über den eigentlichen Zweck der Strafgefetze eine Grundanficht darzu- legen, die uns ftets fowohl theoretifch als praktifch befriedigend er- fchien, und die durch keine der abweichenden Theorien — obgleich wir diefe gewiffenhaft und unbefangen zu prüfen fuchten — jemals erfchüttert werden konnte. Die Folgerungen diefer Grundanficht für die Frage über Beibehaltung oder Abfchaffung der Todesftrafe werden fich dann von felbft ergeben.

Es handelt fich hier um ein Recht und ein Bedürfniß des Staates. Sonach muß man vor Allem einen prüfenden Blick auf das Wefen, die Zwecke und die Berechtigungen des Staates werfen.

Wir faffen den Staat auf als ein durch die Natur und Be- ftimmung des Menfchen nothwendig gebotenes Inftitut, als abfolute Bedingung feiner Sicherheit, feiner Freiheit und feiner ver- nunftgemäßen Thätigkeit, Entwickelung und Civilifation. Der Staat ift die Frucht eines Naturgebotes, alfo eines göttlichen; daher be-

steht und bestand er auch — abgesehen von seinen verschiedenarti=
gen Formen — bei allen Völkern und zu allen Zeiten. So wenig
eine Biene oder Ameise ihre naturgemäße Bestimmung erfüllen
kann, wenn sie nicht im Bienen= oder Ameisenstaate lebt, so wenig
kann es der Mensch außerhalb des Menschenstaates. — Dies ist
auch M.'s Ansicht, denn er sagt (p. 69): „Der Staat ist die
nothwendige Form der Entwickelung der Menschheit." —

Ist nun aber der Staat eine naturgemäße und göttliche
Nothwendigkeit, so folgt daraus unmittelbar, daß er berech=
tigt ist Alles zu thun, was zur Erreichung seiner wesentlichen
Zwecke nöthig ist. Denn wenn es irgend ein haltbares Prinzip
der Rechtsphilosophie gibt, so ist es dies: daß der Mensch zu Allem
berechtigt ist, was seine Bestimmung und Entwickelung als selbst=
ständiges Vernunftwesen fordert; — und was dem einzelnen Men=
schen zusteht, das kann a fortiori dem Staate, als dem Aggregat
vieler einzelnen Menschen, nicht versagt werden. Auch hierin stim=
men wir mit M. überein, der p. 69, III. sagt: „Die Staats=
gewalt ist berechtigt zur Anwendung aller Mittel, welche die Rechts=
ordnung begründen und schützen." —

Welches sind nun die wesentlichen Zwecke des Staates?
Es ist unnöthig, sie alle hier aufzuzählen; denn da wir es nur
mit einer speciellen Frage — dem Grundprinzip des Strafrechts
— zu thun haben, so genügt es zu sagen, daß einer dieser wesent=
lichen Zwecke darin besteht, diejenigen Rechte jedes Einzelnen, ohne
deren Besitz und Sicherheit er seine Bestimmung als Mensch ver=
fehlen würde, zu schützen. Diese Rechte sind: Sicherheit der Per=
son, der Freiheit und des Eigenthums.

Der Staat hat sonach das Recht und die Pflicht, allen
Verletzungen der erwähnten Rechte vorzubeugen, soweit mensch=
liche Kräfte und Mittel überhaupt reichen.

Wir haben das Wort „vorzubeugen" doppelt hervor gehoben,
denn wenn die Rechtsverletzung nicht verhütet wird, so fällt der
Begriff des Schutzes gänzlich weg. Ein Recht, das nicht durch
vorbeugende Anstalten vor Verletzung gesichert ist, hat so wenig
Schutz, als eine Festung ohne Bollwerke, Kanonen und Besatzung.

Alles was der Staat nach vollbrachter Verletzung thun mag, verdient nicht mehr den Namen Schutz, denn es hindert die Rechtsverletzung selbst nicht.

Schutz also — oder was ganz dasselbe ist, vorbeugende Sicherung — ist die nothwendige Aufgabe des Staates, und dies ist um so gewisser, da ja der Staat nicht einmal die Verpflichtung anerkennt, den durch ein Verbrechen verursachten Schaden dem Beschädigten zu ersetzen, selbst da wo er an sich ersetzbar wäre, — so daß, wenn kein vorbeugender Schutz Statt fände, überhaupt gar kein Staatsschutz existiren würde.

Diese Ansicht scheint uns von unbestreitbarer, mathematischer Richtigkeit, und wir erlauben uns, auf den wahren Begriff des Schutzes und auf die Folgerungen welche ganz von selbst daraus fließen, mit allem Nachdruck hinzuweisen. Denn in diesem Begriff liegt augenscheinlich die ganze, die einzig richtige Lehre von dem eigentlichen oder Hauptzweck des Strafgesetzes.

Wenn nun also der Staat dieses Schutzrecht und diese Schutzpflicht ausüben muß, so fragt sich zunächst, welche Mittel ihm zur Erreichung dieses Zweckes zu Gebote stehen? Sie sind, der Natur der Sache nach, verschiedenartig.

Der Staat kann und soll, erstlich, einwirken auf die Gesinnung, das Gefühl, den Charakter, die Intelligenz seiner Angehörigen, um sie durch Vernunft und moralische Rücksichten von Rechtsverletzungen (Verbrechen) abzuhalten. Dies geschieht durch gute Erziehungs- und Unterrichtsanstalten.

Eine ähnliche vorbeugende Wirkung läßt sich den religiösen (kirchlichen) Anstalten zuschreiben, indem einestheils die wahre Frömmigkeit von Rechtsverletzungen aller Art abmahnt, anderntheils die Furcht vor Bestrafung in einem andern Leben wohl manchen Gläubigen vor der Begehung von Verbrechen zurückscheucht. In dieser letztern Hinsicht wird das religiöse Strafgesetz dem bürgerlichen sehr ähnlich; nur daß die Vollziehung der Strafe in ein künftiges Leben fällt und in Uebeln besteht, von denen man nichts Näheres weiß, die also der Einbildungskraft des Gläubigen überlassen bleiben.

Ferner wendet der Staat physische Mittel an, um die Begehung von Verbrechen zu hindern oder möglichst zu erschweren.
Dies sind die vorbeugenden Polizeianstalten.

Allein alle diese Vorbeugungsmittel sind augenscheinlich sehr
unzureichend: die Schule, weil eine bessere Erziehung und daraus
entspringende Stärkung der Sittlichkeit und des Rechtssinnes nicht
Allen zu Theil werden kann — (der Fremden, die sich im
Staate aufhalten, nicht zu gedenken) — mithin überall eine rohe,
zu Rechtsverletzungen geneigte Masse zurückbleibt, auch die Wirkun-
gen einer guten Erziehung, selbst da wo sie Statt gefunden, je
nach den Individuen sehr verschiedenartig und oft sehr unzuver-
läßig ist; — die Kirche, weil ihr Einfluß ganz von dem Grade
der Frömmigkeit jedes Einzelnen, und in sofern von Abschreckung
durch Höllenstrafen die Rede ist, von dem Maaße des Glaubens
oder Unglaubens in Bezug auf dieselben abhängt; — Die Polizei
endlich, weil sie eben nicht überall sein und hindernd einschreiten
kann, zumal da das Verbrechen geheime Orte und Gelegenheiten
zu suchen pflegt.

Der Staat muß daher nothwendig, wenn er seiner Schutzpflicht Genüge leisten will, noch ein anderes Vorbeugungsmittel anwenden, welches kräftiger, allgemeiner und gleich-
mäßiger wirkt, als die ebengenannten, — ein Vorbeugungsmittel, welches Jedem, den irgend ein Motiv zum Verbrechen
treibt, dringende und handgreifliche Gründe vor Augen hält, es
zu unterlassen. Dieses Vorbeugungsmittel ist das Strafgesetz.

Die Aufgabe des Strafgesetzes ist eine doppelte: erstlich,
durch klare Definition festzustellen und den Staatsangehörigen bekannt zu machen, welche Rechtsverletzungen der Staat als strafbare ansieht, — denn es gibt auch Verletzungen fremder Rechte,
die sich nur zur Civilklage eignen. Zweitens: Allen im Voraus zu verkünden, daß jede strafbare Rechtsverletzung unfehl-
bar ein entsprechendes Strafübel zur Folge haben wird — Strafdrohung.

Der wesentliche Zweck der Strafdrohung ist sonach kein

anderer und kann kein anderer sein, als durch die Furcht vor dem angedrohten Strafübel auf Alle zu wirken und Alle von Verbrechen abzuhalten, — oder, wenn man diesen einfachen und klaren Begriff noch weiter definiren will, durch die Vorstellung des Strafübels die Leidenschaften oder sonstigen Motive, die ein Individuum zum Verbrechen treiben, zu entkräften, und so die That zu verhüten. Je weniger Verbrechen also begangen werden, desto besser hat das Strafgesetz gewirkt und seinem Zweck entsprochen.

Wird nun aber, trotz der verkündeten Strafdrohung, dennoch ein Verbrechen begangen, — mit andern Worten, tritt eine Ausnahme von der allgemeinen vorbeugenden Wirksamkeit der Strafdrohung ein, — so muß die angedrohte Strafe vollzogen werden, weil, wenn dies nicht geschähe, die Strafdrohung ihre ganze Wirkung verlieren würde. Denn eine Drohung, die eintretenden Falles nicht vollzogen wird, bewirkt nicht mehr Furcht, sondern Verachtung und annullirt sich selbst.

Wir erlauben uns eine kleine, ganz einfache Parabel. Ein Vater spricht zu seinen Kindern: „Wer von euch das Andere schlägt, bekommt die Ruthe." — Die Kinder merken sich das und schlagen einander lange nicht, aus Furcht vor der Ruthe; diese Furcht bändigt ihre Heftigkeit und ihren Muthwillen. Endlich läßt sich Eines von Zorn übermannen und schlägt den Bruder. Der Vater erfährt es, versäumt aber, an dem kleinen Verbrecher die Strafe zu vollziehen. Nun sagen die Kinder unter sich: „Der Vater hat zwar mit der Ruthe gedroht, aber es ist ihm nicht Ernst damit; was brauchen wir uns also ferner um diese Drohung zu kümmern?" — Und von diesem Tage an mißhandeln sich die Kinder untereinander nach Herzenslust.

In diesem einfachen, alltäglichen Geschichtchen liegt die ganze Theorie des Strafzweckes. Die Androhung der Strafe (das Strafgesetz) bezweckt Abhaltung Aller von Verbrechen durch Furcht vor dem Strafübel, und die Vollziehung der Strafe hat zum Hauptzweck, der Drohung des Gesetzes die nöthige Kraft zu erhalten.

Alle Einwendungen gegen diese einfache, bestimmte und leicht faßliche Grundansicht — von welcher auch Bentham und Feuerbach, sowie mehrere schätzbare italienische Schriftsteller ausgehen — scheinen uns unstichhaltig.

Die M.'sche Schrift — p. 65 — wendet ein, diese Theorie habe, mit andern, den Fehler, daß sie den Nutzen, der doch nur eine beliebig durch den Willen des Stärkern angenommene unbestimmte Größe sei, zum Prinzip des Strafrechts machen wolle. Allein es ist keineswegs der allerdings vage Begriff des Nutzens, sondern der sehr bestimmte der Nothwendigkeit, der hier das Grundprinzip bildet, — der Nothwendigkeit in welcher der Staat sich befindet, allen wesentlichen Rechten seiner Angehörigen wirksamen und sonach vorbeugenden Schutz zu gewähren. Dies ist eine seiner wichtigsten Pflichten, und soweit diese Nothwendigkeit geht, geht auch sein Recht, aber nicht weiter. Jede Strafe — auch die Todesstrafe — ist rechtmäßig, wenn sie nöthig ist, unrechtmäßig, wenn sie unnöthig ist. Ob nun in unserer Zeit und in unsern civilisirten Ländern eine solche Nothwendigkeit bestehe oder nicht, davon nachher. Hier noch einige Worte über den Begriff der Nothwehr, der, wie fast alle technischen Ausdrücke in dieser Materie, leicht mißverstanden werden kann, und der in der M.'schen Schrift in Bezug auf Begründung des Strafrechts verworfen wird, weil die Nothwehr sogleich mit der Gefahr aufhöre.

Das Recht der Nothwehr, näher geprüft, hat offenbar eine doppelte Bedeutung: eine allgemeinere, auf Grundsätzen der Rechtsphilosophie beruhende, und eine speziellere, durch das positive Gesetz sanktionirte. Die erstere beruht auf dem einfachen und unbestreitbaren Satze, daß der Mensch — also auch der Staat — berechtigt ist Alles zu thun, was zur Abwehr drohender Rechtsverletzungen nöthig ist, und das Wort Nothwehr bezeichnet dies im Allgemeinen sehr gut. Dieses Recht begreift also auch vorbeugende Schutzmaßregeln in sich, wo sie nöthig sind. Dem Staate aber sind sie nöthig, absolut nöthig, weil seine Aufgabe ist, allgemeinen Schutz zu gewähren, d. h. durch ein Mittel das auf Alle wirkt, die Gefahr grober Rechtsverletzungen im Voraus

abzuwehren, und nicht erst einen speciellen Fall des Angriffs abzu=
warten, wo ein wirksamer Schutz des Staates meist nicht mehr
möglich ist. In diesem Sinne kann man also mit vollem Rechte
sagen, daß das Strafgesetz mit seiner, die Gefahr der Verbrechen
abwehrenden Drohung, auf dem natürlichen Rechte der N o t h =
w e h r beruht. Das Recht zur V o l l z i e h u n g der Strafe folgt
dann, als nothwendige Consequenz des Rechtes der Androhung,
ganz von selbst, weil die Drohung ohne Vollziehung kraftlos wäre.

Anders verhält es sich mit dem engern Begriff der Noth=
wehr, die das positive Gesetz dem E i n z e l n e n gestattet, wenn er
sich in einer Gefahr befindet, wo der Schutz des Staates nicht
ausreicht. Hier muß die Gefahr eine spezielle und gegenwärtige
sein, und das Recht der Nothwehr hört auf sobald diese Gefahr
vorüber ist. Hier gilt keine v o r b e u g e n d e Nothwehr; — aber
warum? Grade darum, weil der Einzelne unter dem allgemeinen
Schutze des Staates und seiner Strafgesetze steht, — weil sein
Recht zur Nothwehr nur eine Ausnahme von dem Verbot der
Selbsthilfe bildet, mithin nicht länger dauern kann, als die augen=
blickliche specielle Gefahr, in welcher der Schutz des Staates ihm
fehlt. Ist diese vorüber, so tritt er wieder unter den allgemeinen
Schutz zurück, den die Strafgewalt des Staates und die vorbeu=
gende Kraft seiner Strafgesetze begründet. Aber eben darum muß
der Staat die Macht und das Recht dieser Vorbeugung besitzen,
und der Begriff der N o t h w e h r (Nothwendigkeit der Abwehr)
muß für ihn weiter gehen als für den Einzelnen.

Will man dieser umfassenderen Nothwehr des Staates einen
andern Namen geben — etwa S c h u t z w e h r — und den Aus=
druck N o t h w e h r nur für das beschränkte Vertheidigungsrecht des
Einzelnen im speciellen Fall des Angriffs gebrauchen, so wird dies
zweckmäßig sein, um Verwechselung zu vermeiden. Aber das Prinzip
beider Rechte ist dasselbe: A b w e h r e i n e r G e f a h r. Nur ist
die eine vorbeugend und allgemein, die andere momentan und
speziell.

Die M.'sche Schrift nennt ferner die Voraussetzung, daß
das Verbrechen in der Regel ein Werk der Berechnung und der

Abwägung der Motive sei, eine irrige, und bestreitet somit die vorbeugende, von Verbrechen abhaltende Kraft der Strafdrohung. Allein die Annahme, daß der Mensch, der den Trieb zu irgend einem schweren Verbrechen in sich fühlt, die Motive für und wider mehr oder weniger lang in's Auge zu fassen und abzuwägen pflegt bevor er zur That schreitet, — daß er auf der einen Seite die Vortheile, die er aus dem Verbrechen zu ziehen hofft, oder die Befriedigung einer Leidenschaft, auf der andern aber die Größe der Gefahr und der Strafe in die Wagschale legt, ist durchaus natür= lich, ja unabweislich, zumal wenn man bedenkt, daß hier, wo die Todesstrafe in Frage steht, nur von den schwersten und mit Vor= bedacht verübten Verbrechen die Rede sein kann. Vorbedacht ist ja gerade Ueberlegung, — und wer lang über eine Missethat brütet, denkt doch gewiß auch an die Folgen, die sie für ihn haben muß oder wahrscheinlich haben wird. Ist Abwägung der Motive und Rücksicht auf die Folgen schon bei den geringsten Ge= schäften des täglichen Lebens die große Regel, wie sollte sie bei dem schwersten und folgenreichsten aller Entschlüsse nicht Statt fin= den? Dies ist gewiß eine ganz unnatürliche und willkürliche Vor= aussetzung. Selbst in M.'s Bemerkung, daß der Verbrecher in der Regel weniger durch die Strafdrohung beeinflußt werde, als auf Mittel sinne, der Strafe zu entgehen, liegt augenscheinlich, daß er sie fürchtet, und daß er das Verbrechen nur begeht, weil er meint, daß er durch seine List (sei es durch Flucht oder Beseiti= gung der Beweismittel) ihr entrinnen könne. Wenn es etwa vor= kommt, daß ein Verbrecher, der die That mit Vorbedacht verübt hat, seinem Richter oder seinem Geistlichen gegenüber vorgibt, daß er an die Strafe nicht gedacht habe, so ist es entweder unwahr — weil unnatürlich — oder gewiß eine seltene Ausnahme. Und wenn es auch einzelne Ausnahmen dieser Art geben mag, so vergesse man auf der andern Seite nicht die Hauptsache, nämlich die tausend Fälle, wo das Verbrechen unterbleibt, weil der, den irgend ein Motiv dazu reizt, an die Strafe denkt, die Schande und die andern Uebel, mit denen sie ihn bedroht, gehörig erwägt und seine bösen Gedanken aufgibt. Freilich lassen diese Fälle sich nicht zählen, eben weil das Verbrechen ungeschehen bleibt; aber es ist vernünftig zu denken, daß ihre Zahl sehr groß ist, unendlich größer als die der wirklich verübten Verbrechen. Denn noch einmal, grade diese Verhütung der Verbrechen soll die Hauptwirkung der Strafgesetze sein, und sie ist es auch praktisch. Denn durch das ganze Menschenleben, in allen seinen Verhältnissen und Beziehungen, läuft, wie schon bemerkt, die Regel, daß der Mensch sich durch die Betrachtung der muthmaßlichen Folgen seiner Handlungen bestimmen läßt. Nur der Blödsinnige thut das nicht. So wirkt denn auch thatsächlich das Strafgesetz täglich und stündlich, warnend und vorbeugend, auf alle Schichten des Volkes: auf die höhern, weil auch der Gebildete, (wie zahlreiche und oft sehr grelle und erschütternde Beispiele lehren) nicht immer frei von den Versuchungen heftiger Leidenschaften ist und daher auch für ihn die drohende Abmahnung des Gesetzes keineswegs überflüßig erscheint; — noch viel allgemeiner und wesentlicher aber auf die rohere Schichte, die sicherlich größtentheils nur durch die Drohung des Strafgesetzes im Zaum gehalten wird. Man frage einen arbeitscheuen und sittenlosen Menschen aus dieser Schichte, warum er nicht rücksichtlos stiehlt und mordet? Die Antwort — wenn sie aufrichtig ist — wird sein: „Weil ich weiß, daß der Diebstahl in's Zuchthaus und der Mord auf das Schaffot führt." Und Hunderte werden dieselbe Antwort geben, wenn sie nicht lügen wollen. Denn kennt auch das gemeine Volk faktisch nicht genau die Strafart und den Strafgrad, den das Gesetz für jeden einzelnen Fall bestimmt, so weiß es doch, daß jedes Verbrechen bestraft wird, und macht sich auch im Allgemeinen eine ziemlich richtige Idee von der Natur der Strafen, besonders im Fall grober Verbrechen. Todesstrafe für Mord und Zuchthaus für Diebstahl sind auch in der rohen Menge sehr geläufige Begriffe. Man hebe die Strafgesetze auf, oder mache sie durch sentimentale Milde unwirksam, und man wird bald finden, daß jene rohe Schichte alle Bande der Ordnung und Sicherheit durchreißt!

Die M.'sche Schrift stellt die Ansicht auf, daß nicht Abhaltung Aller von Verbrechen, sondern Besserung des Verbrechers nach vollbrachter That der Hauptzweck des Strafgesetzes sei. Diese Ansicht klingt schön und human, aber sie kann unmöglich die richtige sein, so hochachtbar auch die Quelle ist, aus der sie stammt. Fühlt man denn nicht, daß diese Theorie dem Staate die Stellung eines Seelsorgers anweist? Was würde man zu einem Gesetze sagen, das so lautete: „Wer einen Mord mit böslichem Vorbedacht begeht, der soll — gebessert werden?" Dies klänge wie Satire, und doch wäre es gerade das was in dieser Besserungstheorie liegt. Diese Theorie kann schon darum nicht die rechte sein, weil die Besserung eines einzelnen Individuums, nach vollbrachter That, nicht die Wirkung haben kann, Verbrechen überhaupt zu verhüten; sie kann im besten Falle nur dazu führen, daß dasselbe Individuum nicht neue Verbrechen begehe. Dies kann aber offenbar dem Staatszweck nicht genügen, der vorbeugende Abwehr gegen alle Verbrechen verlangt. Besserung des Verbrechers, oder vielmehr der Versuch dazu — (denn sehr oft wird sie mißlingen) — kann und soll ein Nebenzweck der Strafvollziehung sein, wo diese von der Art ist, daß sie eine Besserungsprocedur zuläßt, wie bei Freiheitsstrafen, — denn es ist immer wünschenswerth, daß auch dies eine Individuum von fernern Verbrechen ablasse. Aber Hauptzweck des Strafgesetzes kann die Besserung des Verbrechers nimmermehr sein, und wo die Strafart, die das Gesetz verhängt hat, den Besserungsversuch ausschließt — wie bei der Todesstrafe — da kann es dieser Strafart, wenn sie sonst durch Nothwendigkeit geboten war, nicht zum Vorwurf gereichen, oder gar als absoluter Verwerfungsgrund gegen dieselbe gelten.

M. selbst stellt (p. 69) den Satz auf, daß auch bei dem Besserungsprinzip der Grundsatz beibehalten werden müsse, daß das Gesetz die Strafe „im gerechten Verhältniß zur Größe der Schuld" bestimme. Aber wie ist dies möglich, wenn der Fall von der Art ist, daß nach dem allgemeinen Rechtsgefühl nur die Todesstrafe im gerechten Verhältniß zu der Größe der Schuld steht? Und daß solche Fälle nicht gar selten sind, soll weiter unten zur Genüge gezeigt werden. Soll nun der Verbrecher auch hier

gebeſſert werden, ſtatt die gerechte Strafe zu erleiden, ſo er=
gibt ſich ein unlösbarer Widerſpruch.

Noch eine Betrachtung. Wäre Beſſerung der weſentliche
Strafzweck, ſo würde ja in allen Fällen wo ſie mißräth das
Strafgeſetz als völlig unwirkſam und nichtig erſcheinen, denn es
hätte ſeinen weſentlichen Zweck verfehlt; — und wie häufig iſt
nicht dieſer Fall.*) Wenn man dagegen den Hauptzweck in die
vorbeugende Kraft der Strafdrohung ſetzt, deren allgemeine Wir=
kung auf Alle berechnet iſt, ſo dauert dieſe Wirkung ungeſtört fort,
wenn auch ein Einzelner ſie mißachtet und ein Verbrechen begeht.
Im Gegentheil wird dann durch die ernſte Vollziehung der Strafe
und durch das Bekanntwerden dieſer Vollziehung jene allgemein
wirkende Kraft des Strafgeſetzes von neuem beſtärkt, gleichviel ob
der Verbrecher verſtockt bleibt oder nicht.

Ferner: Es iſt allgemeiner und unbedingter Grundſatz, daß
keine Strafe zugefügt werden darf, wenn ſie nicht vor der That
angedroht war. Wäre Beſſerung Hauptweck, ſo ließe ſich hiezu
kein genügender Grund erweiſen, — denn Beſſerung iſt Wohlthat,
und jedenfalls könnte ſich der Staat auch ohne vorausgegangene
Drohung erlauben, mit einem Menſchen, der durch eine grobe
Rechtsverletzung ſeine Gefährlichkeit bewieſen hat, eine Beſſerungs=
procedur vorzunehmen. Warum wird ihm dieſes Recht allgemein
abgeſprochen, ſo allgemein, daß es darüber — trotz der Mannig=
faltigkeit und Verwirrung der Anſichten über ſtrafrechtliche Grund=

---

*) Sagt ja doch R. ſelbſt, p. 103, „daß bei rohen, in ihrer Er=
ziehung verwahrlosten Verbrechern, oder bei Solchen, deren langer ver=
brecheriſcher Lebenslauf einen gewaltthätigen Sinn, Roheit und Abgeſtumpft=
heit erzeugt hat, ebenſowenig Reue als würdige Faſſung erwartet werden
darf; — ferner daß, „der Erfahrung gemäß, bei manchen Verurtheilten
die ſcheinbare Reue eine Art Verzweiflung iſt, oder daß ſie erheuchelt
wird um Begnadigung zu erwirken u. ſ. w." — P. 106 wird als Beiſpiel
unverbeſſerlicher Roheit der Mörder Sachenbacher angeführt „der vor ſeiner
Hinrichtung zu dem Barbier ſagte, er ſolle ihn ſchön raſiren, damit er im
Himmel bald eine ſchöne Frau bekomme, und dann, als er das Schaffot
beſtieg, noch die unanſtändigſten Äußerungen machte." Ein anderes Bei=
ſpiel der Art. p. 107, Anm. 17.

prinzipien — auch nicht eine einzige abweichende Stimme gibt? Einfach darum, weil nicht Besserung, sondern Abhaltung von Verbrechen durch die Drohung des Strafgesetzes der Hauptzweck ist, und weil es daher allem Rechtsgefühl widersprechen würde, eine Strafe zuzufügen, wenn sie nicht vorher angedroht war. Wendet man dagegen ein, daß die Rechtmäßigkeit der Strafvollstreckung nicht auf die bloße Thatsache gebaut werden könne, daß sie vorher angedroht war, so geben wir dies zu. Aber wir behaupten, daß die Rechtmäßigkeit der Vollstreckung nothwendig aus der Recht= mäßigkeit der Anbrohung folgt. Rechtmäßig aber ist jede Straf= brohung, wenn sie nöthig ist und mit dem Rechtsbewußtsein des Volkes in Einklang steht.

Endlich frage man sich doch, was aus dem Besserungsprinzip in den Fällen wird, wo der handgreifliche Beweis vorliegt, daß keine Besserung des Verbrechers zu hoffen ist, — namentlich im Fall der Recidive — der doppelten, dreifachen, sechsfachen Reci= dive! In Frankreich und England, — wo die nützliche Gewohn= heit herrscht, daß alle wichtigern Criminalfälle in den öffentlichen Blättern berichtet und besprochen werden, — ist ein großer Theil der schweren Verbrechen das Werk von „forçats libérés" und von „ticket of leave men" also von bereits bestraften aber un= gebesserten Bösewichten, mit einem Wort von Gewohnheits= Verbrechern. Soll auch für diese das Besserungsprinzip gelten? Soll man auch bei ihnen die vergeblichen Besserungsversuche immer wieder erneuern und das Gesetz zum Gespött werden lassen? Es wäre ebenso unweise als unlogisch. Ja noch mehr. Wäre wirklich Besserung der wahre Strafzweck, so müßte man folgerecht schließen, daß die Unverbesserlichen gar nicht mehr zu strafen seien, weil hier der Strafzweck wegfalle!

So zeigt sich unter allen Gesichtspunkten die Unhaltbarkeit des Besserungsprinzips, wenn es als wesentliche und allgemeine Grundlage des Strafgesetzes und nicht blos als Nebenzweck bei der Vollziehung (da wo er möglich und passend ist) aufgestellt wird, im stärksten Lichte. Sagt doch M. selbst (p. 63): „Ueber= haupt kann die menschliche Gerechtigkeit nie zum Gegenstand ihres

Wirkens die Herbeiführung eines Zustandes machen, der im Innern des Verbrechers vorgeht." Bezieht sich denn aber nicht die ganze Besserungstheorie auf die Moral des Verbrechers, auf den „Zu= stand seines Innern?" — Daß ein so ausgezeichneter Gelehrter und Jurist wie M. sich zu einer solchen Theorie bekennt, läßt sich in der That nur aus der bekannten Herzensmilde des vor= trefflichen Mannes erklären.

Wir kommen nun zu dem Haupteinwande, den man der von uns vertheidigten Ansicht, daß der Hauptzweck des Strafgesetzes sei, durch Androhung von Strafübeln Alle von Verbrechen ab= zuhalten, entgegengesetzt, nämlich: daß die logische Consequenz dieser Ansicht zu allzugroßer und willkürlicher Strenge führe, indem der Gesetzgeber, der sie zur Richtschnur nimmt, auch für geringe Verbrechen oder Vergehen unverhältnißmäßig schwere Strafen androhen werde, um die Vorbeugung — oder Abschreckung — recht wirksam zu machen. Dieser Einwand ist es in der That, der diese Theorie, trotz ihrer augenscheinlichen Natürlichkeit und Richtigkeit, bei Vielen in Miskredit gebracht hat, und doch beruht er nur auf einem handgreiflichen Mißverstand, der wohl haupt= sächlich durch den Umstand veranlaßt wurde, daß Feuerbach, der gleichfalls von dieser Theorie ausgeht und der sie zuerst in Deutschland in tüchtiger und klarer Weise begründete, in seinem Strafgesetzbuch für Bayern allerdings mitunter zu viel Strenge in den Strafbestimmungen zeigte. Aber war dies eine noth= wendige Consequenz der Grundansicht? Keineswegs. Aus dem Satze, daß der Staat, zur Sicherung aller wesentlichen Rechte die er zu schützen hat, Strafübel androhen dürfe und müsse, um Je= dermann von Verletzung dieser Rechte abzuhalten, folgt nicht im mindesten mit logischer Nothwendigkeit, daß er nun bei Bestim= mung dieser Strafübel mit blinder Willkür und Strenge verfahren und auf geringe Vergehen große Strafen setzen — daß er drako= nische Gesetze machen dürfe. Die richtige logische Consequenz ist eine ganz andere. Das Recht der Strafdrohung findet, wie schon bemerkt, seinen natürlichen Maßstab in der Nothwendigkeit; woraus schon von selbst folgt, daß sie stets mit der Größe des

Verbrechens, welches verhütet werden soll, und mit der Gefährlichkeit, welche die Verübung der That in dem Verbrecher voraussetzt, im richtigen Verhältniß stehen muß. Da ferner das Strafgesetz auf das ganze Volk — auf die gebildeten wie auf die rohen
Schichten — wirken soll, so muß es, um wirklich die beabsichtigte
heilsame Wirkung hervorzubringen, dem Volke als gerecht erscheinen. Denn ungerechte, grausame Gesetze erregen, der menschlichen Natur gemäß, Widerwillen, Trotz, Verachtung, Ungehorsam,
und verfehlen sonach ihren Zweck. Die angedrohte Strafe muß
daher, nach Art und Maaß, dem allgemeinen Rechtsgefühle des Volkes entsprechen, ja sie muß dem Verbrecher
selbst — sofern noch ein Rechtsgefühl in ihm lebt — als eine
verdiente erscheinen. Sonach müssen — (was Feuerbach in
seinem Gesetzbuche zu wenig berücksichtigt haben mag) — bei Bestimmung der Strafe alle jene Rücksichten eintreten, die aus dem
allgemeinen Charakter des Volkes, aus dem Grade der Bildung
und Sittlichkeit, den es erreicht hat, und aus seinen Ansichten,
Gewohnheiten und Sitten entspringen. Die Größe der Strafe
darf daher die Schwere des Verbrechens nicht übersteigen, und
zwar nach dem Maaßstabe, der sich aus dem Rechtsbewußtsein des
Volkes ergibt, für welches das Gesetz bestimmt ist. Dies Alles
steht nicht entfernt in Widerspruch mit unserer Theorie, sofern sie
richtig aufgefaßt wird.

Wir müssen hier noch erwähnen, daß die M.'sche Schrift, obgleich sie im Allgemeinen diese Theorie für unrichtig erklärt und
namentlich die Voraussetzung, daß Der, den es nach einem Verbrechen gelüstet, das Für und Wider zu bedenken pflege, entschieden
bestreitet, dennoch in andern Stellen wieder — gleichsam unwillkürlich — ihre Richtigkeit anerkennt. So heißt es p. 69, IV.:
„Der Staat hat darnach auch das Recht, Strafen zu drohen und
zuzufügen, indem er der im allgemeinen Rechtsbewußtsein begründeten Rechtsansicht folgt, wonach dem Störer der Rechtsordnung
ein Leiden im gerechten Verhältniß zur Größe des Verbrechens
zugefügt und die Strafe so eingerichtet werden soll, daß sie auf
Besserung des Bestraften, aber auch auf Abhaltung von

Verbrechen und Sicherung der Gesellschaft berechnet ist." — Hier ist also ausdrücklich zugegeben, daß auch Abhaltung von Verbrechen durch die Strafdrohung — also vorbeugender Schutz — Zweck des Strafgesetzes ist, — und damit ist zugleich anerkannt, (was in andern Stellen — p. 65 und 66 — bestritten wird) daß der, welcher auf ein Verbrechen sinnt, das Für und Wider abzuwägen pflegt, — denn wie sollte die Abhaltung stattfinden ohne Erwägung der Folgen des Verbrechens? An der obigen Stelle ist nichts auszusetzen, als daß sie dem Besserungszweck den ersten Rang und dem Vorbeugungszweck nur den zweiten gibt, während doch Verhütung der Verbrechen Hauptzweck sein muß, und Besserung des Verbrechens nur Nebenzweck bei der Strafvollziehung sein kann — wo sie möglich ist.

Somit glauben wir unsere Grundansicht genügend festgestellt und gegen jeden ernsten Einwand gesichert zu haben. Welchen Namen man übrigens dieser Theorie geben wolle, ist ziemlich gleichgiltig. Man mag sie Vorbeugungs- oder Schutztheorie nennen. Gegen den Namen Abschreckungstheorie aber protestiren wir; — nicht als ob dieser Ausdruck an sich sehr unpassend wäre, — sondern einestheils, weil schon das Wort für empfindsame Seelen etwas Abschreckendes hat; hauptsächlich aber, weil dieser Name vielfache Veranlassung zu Mißverstand gibt. Es lassen sich nämlich zwei ganz verschiedene Arten von Abschreckung denken: 1) Allgemeine Abschreckung Aller durch die Drohung des Strafgesetzes, und 2) Spezielle Abschreckung der Zuschauer einer Strafvollstreckung durch den grauenerregenden Apparat der Vollstreckung und den Anblick der Leiden des Verurtheilten. Beide Arten der Abschreckung werden sehr leicht und häufig verwechselt. Wir brauchen nicht zu wiederholen, daß wir die erste Art der Abschreckung als den Hauptzweck des Strafgesetzes betrachten, die Vollstreckung aber nur als nothwendige Folge und Sanktion der Drohung des Strafgesetzes, in den Fällen wo sie ihre vorbeugende Wirkung verfehlt hat, also das Verbrechen wirklich begangen wurde.

Wir kommen nun, nachdem wir die allgemeinen Grundprincipien hinlänglich betrachtet haben, zu der speciellen Frage über Beibehaltung oder Abschaffung der Todesstrafe.

Nach allem bisher Gesagten fragt sich einfach: Ist die Todes=strafe, unter gegebenen Verhältnissen, nothwendig oder nicht, um den schwersten Verbrechen wirksam vorzubeugen? Sobald diese Frage genügend gelöst ist, sollte eigentlich jede Diskussion über die Rechtmäßigkeit dieser Strafe von selbst wegfallen, denn noch einmal, wenn sie nothwendig ist so ist sie auch rechtmäßig — und umgekehrt. Nothwendigkeit ist ja überhaupt das große, un=widerstehliche Gesetz, das alle Verhältnisse der Welt beherrscht und dem Alles, selbst das Recht zu leben, untergeordnet ist. Dies zeigt sich recht deutlich in dem allgemein anerkannten Rechte der indi=viduellen Nothwehr, die auch Tödtung rechtfertigt sobald sie nöthig ist, so wie im Fall des Krieges, wo Tausende von Menschenleben um einer wirklichen oder vermeintlichen Nothwendigkeit willen un=bedenklich vernichtet werden. Wir müssen jedoch einige specielle Einwendungen, welche gegen die Rechtmäßigkeit der Todesstrafe überhaupt (also selbst für den Fall daß sie nothwendig erschiene) — vorgebracht werden, etwas näher in's Auge fassen.

Die M.'sche Schrift sagt (p. 143), die Todesstrafe könne darum nicht rechtmäßig sein, weil sie „das Gebiet irdischer Wirk=samkeit überschreite und in das der Gottheit eingreife, die allein über das Leben des Menschen bestimme." — Wäre dies begründet, so müßte M. folgerecht auch die Tödtung im Fall individueller Nothwehr, so wie im Fall des Krieges, absolut verwerfen, was er doch nicht thut. Abgesehen davon, daß die richtige Scheidelinie zwischen dem Gebiet irdischer Wirksamkeit und dem der Gottheit äußerst schwer festzustellen sein dürfte, leuchtet sogleich ein, daß wenn das Leben des Einzelnen (des Verbrechers) eine Gabe der Gott=heit ist, dasselbe auch von dem Leben aller andern Staatsangehö=rigen gilt; daß also, wenn der Staat die Aufgabe hat, das Leben Aller zu schützen, ihm auch das Recht zustehen muß, jedes zur Verhütung des Mordes nöthige Mittel anzuwenden, einschließlich der Todesstrafe, wenn sie wirklich nöthig ist. Diese Aufgabe des Staates, das Leben und alle übrigen kostbaren Rechte seiner sämmt=

lichen Angehörigen zu schützen, kann man mit allem Fug eine von Gott gebotene nennen, weil, wie schon früher bemerkt, ohne sie die naturgemäße Bestimmung, Entwickelung und Veredelung des Menschen nicht erreichbar ist. — Der hier weiter angeführte Grund M.'s, „daß die Todesstrafe dem Verbrecher die Möglichkeit raube sich zu bessern und durch Reue sich eines höhern Lebens würdig zu machen," gehört der Besserungstheorie an und ist mit dieser bereits widerlegt. Ueberall wo Tödtung durch wirkliche Nothwendigkeit geboten ist, sei es im Strafgesetz, in der individuellen Nothwehr oder im Kriege, da muß die Rücksicht auf Besserung — zu welcher überhaupt der Staat keine Verpflichtung hat — wegfallen; und die Beziehung auf „ein höheres Leben", welches wohl seine eigenen, unserer Beurtheilung entzogenen Gesetze haben dürfte, gehört in keiner Weise hierher.

„Aber," — so sagt die M.'sche Schrift weiter, — „die Todesstrafe raubt Rechte, die nicht dem Bürger, als solchem, sondern dem Menschen angehören." —

Dies ist allerdings der Fall, aber kein Gegengrund; denn dasselbe läßt sich von den meisten andern Strafen sagen, die M. doch als rechtmäßig anerkennt, namentlich von der Freiheitsstrafe. Wenn der Staat den Sträfling einsperrt, ihm also das natürliche Recht der freien Bewegung entzieht, auch ihm eine Kost vorsetzt, die ihm schwerlich immer behagt, so nimmt er ihm doch wohl auch ein Recht, das dem Menschen und nicht dem Bürger als solchem gehört. Man sieht, wohin unhaltbare Principien führen. Jede Strafe soll, wenn man will daß sie ihrem Zweck entspreche, ein Uebel, und zwar ein ernstes Uebel sein; sie muß also Rechte entziehen die einen Werth haben und deren Verlust dem Verbrecher empfindlich ist, gleichviel übrigens ob sie ihm als Menschen oder als Bürger angehören. Diese Distinktion ist eben so wenig gerechtfertigt, als der Verbrecher selbst zu unterscheiden pflegt, ob er Rechte verletzt, die seinem Opfer als Bürger oder als Menschen gehören.

Ferner sagt M. p. 143: „Will man davon ausgehen, daß der Staat die Rechte der Bürger schützt, so kann er höchstens dazu kommen, Demjenigen, der durch ein schweres Verbrechen gegen die bürgerliche Ordnung sich auflehnt, den Rechtsschutz aufzu= kündigen." Dies ist eine Schlußfolge, zu der wir das wesent= liche Mittelglied nicht finden können, da sich die Schutzpflicht des Staates nicht blos auf diesen Einen, sondern auf Alle bezieht. Auch wir gehen von dem Satze aus, daß der Staat die Rechte seiner Angehörigen vor frevelhaften Verletzungen schützen müsse, und zwar vorbeugend — weil es sonst kein Schutz wäre. Aber wir schließen daraus — und zwar gewiß folgerichtig — daß er wirksame Vorbeugungsmittel anwenden dürfe und müsse, also auch berechtigt sei, die schwersten Verbrechen mit Todesstrafe zu bedrohen, in sofern dies als nöthig erscheint. Ein Gesetz welches z. B. als Strafe des Mordes den Rechtsschutz aufkündigte — also den Verbrecher zur Auswanderung zwänge — würde (was übrigens M. selbst zugibt) heut' zu Tage keinen Sinn haben, da jetzt so viele ehrliche Leute freiwillig auswandern, in der Hoff= nung anderswo bessere Verhältnisse zu finden als daheim. An= ders mag es in alten Zeiten gewesen sein, wo die Civilisation auf wenige enge Punkte beschränkt war, also die Verbannung in's Aus= land (E=lend) als ein Uebel empfunden werden konnte, das der Todesstrafe zunächst stand.

P. 141 der M.'schen Schrift heißt es: „Bedeutungsvoll ist die Erklärung des hochgestellten Lordkanzlers von Irland, daß die Heiligkeit des Lebens immer mehr eingesehen und die unnö= thige Beibehaltung der Todesstrafe selbst zu einem Verbrechen von Seiten des Gesetzgebers wird." Allein man möchte diesen hoch= gestellten und sentimentalen Lordkanzler fragen, ob er denn das Leben des Mörders für heiliger halte, als das Leben des Opfers, das er erdolcht, erwürgt, oder mit Gift vernichtet hat, und als das Leben aller andern Staatsangehörigen, das durch die Androhung der Todesstrafe geschützt wird? War jene Phrase des Kanzlers nur gegen unnöthige Todesstrafen gerichtet — (wie sie denn früher in England viel zu häufig verhängt waren) — so muß man ihr beipflichten. Aber allgemeiner und auch für den Fall des Mor= des genommen, ist sie doch wohl nicht viel besser als Unsinn.

Wenn p. 139 und 144 der M.'schen Schrift die Rechtmäßigkeit der Todesstrafe auch aus dem Grunde bezweifelt wird, „weil
sie im Widerspruch mit dem Christenthum stehe," so übergehen wir
dies billig mit Stillschweigen. Es ist sicher das Beste, wenn man
bei dieser Frage die Bibel ganz aus dem Spiele läßt, zumal da
sich eben so gut Argumente für als wider die Todesstrafe aus ihr
entnehmen ließen. Ueberlassen wir diesen Gesichtspunkt den Theo-
logen und halten wir uns, als verständige Juristen, an das Greif-
bare und Praktische.

Soviel über die Einwendungen gegen die Rechtmäßigkeit
der Todesstrafe überhaupt. Fassen wir nunmehr die Cardinal-
frage — die der Nothwendigkeit oder Entbehrlichkeit dieser
Strafe — näher in's Auge, so zeigt sich sogleich, daß hier hauptsächlich zwei Gesichtspunkte zu prüfen sind, nämlich: 1) Gibt es
Verbrechen die so schwer sind — d. h. so wichtig durch die Größe
des verletzten Rechts und so verrucht durch die Motive des Thä-
ters, — deren Begehung also einen so hohen Grad von Verderbtheit und Gefährlichkeit in dem Thäter voraussetzt, daß nur die
Furcht vor der Todesstrafe eine genügende Bürgschaft zur Verhütung der Missethat bietet? Und 2) Gibt es Verbrechen, die von
der Art sind, daß nur die Todesstrafe das natürliche und allgemeine Rechtsgefühl des Volkes befriedigen kann? Wir bezweifeln
kaum, daß Jeder, der unbefangen prüft, sich gezwungen sehen
wird, beide Fragen zu bejahen.

Bleiben wir zunächst bei dem Falle des überlegten, mit böslichem Vorbedacht verübten Mordes stehen; — denn wir sind,
um es hier gleich zu sagen, der Ansicht, daß nur für diesen einzi-
gen Fall — (einschließlich jedoch ganz gleichstehender Fälle) die
Todesstrafe zu billigen und beizubehalten sei.

Es ist unmöglich zu läugnen, daß die Vorstellung der Todesstrafe — also auch die Furcht vor ihr — stärker und tiefer
auf das Gemüth des Menschen einwirkt, als die eines jeden andern Strafübels, namentlich als die einer Freiheitsstrafe — auch
einer lebenslänglichen. Denn es liegt in der menschlichen Natur,
daß sie das Leben als das höchste Gut empfindet und vor dem

Tode zurückbebt, — dreifach und zehnfach natürlich vor dem auch noch mit Schande verknüpften Verbrechertode. Auch ist dies keineswegs — wie die M.'sche Schrift p. 3 sagt — eine rohe Furcht vor **physischen Leiden**, — denn diese sind größer bei einer langdauernden Freiheitsstrafe mit schwerer Arbeit 2c.; — es ist das natürliche Grauen vor dem Tode durch Hinrichtung, das keiner weitern Schilderung bedarf. Und dies gilt für **alle** Schichten des Volkes, die bessern wie die schlechtern. Der Mensch aber — insbesondere der rohere, dem feinere Gefühle wie feinere Genüsse fremd sind, der wenig Ehrgefühl besitzt und dem, vermöge seiner Lebensverhältnisse, auch die Freiheit weniger werth ist als dem Gebildeten, bedarf eines stärkern Abhaltungsgrundes, als die Androhung einer bloßen Freiheitsstrafe bietet, wenn irgend eine grimmige Leidenschaft, oder tiefe Verderbtheit des Charakters, oder schändliche Habgier ihn zur Verübung eines vorbedachten Mordes anspornt. Und hier müssen wir mit besonderm Nachdruck darauf hinweisen, daß es in **jedem** Volke — welches auch im Allgemeinen sein Culturgrad sei — immer eine große Zahl roher, verwilderter, oder durch sittenlose Gewohnheiten verdorbener Menschen gibt, und zwar in allen Ständen, die sogenannten vornehmen und vornehmsten nicht ausgenommen *), und daß die Strafgesetze nothwendig so beschaffen sein müssen, daß sie auch auf **diese** Klasse einen hinlänglich warnenden und von Verbrechen abhaltenden Eindruck machen. Der bessere Mensch bedarf überhaupt kaum einer solchen Abhaltung, weil schon andere, edlere Motive — Moral, Religion, Ehrgefühl — ihn vor Verbrechen bewahren; während der Rohe, Arbeitsscheue, Sittenlose, sich nur durch die Furcht vor Strafe davon zurückscheuchen läßt. Für diesen Letztern muß daher das Strafgesetz hauptsächlich berechnet sein, und es ist babei gleichgiltig, ob diese Schlechten die Mehrheit oder Minderheit im Volke bilden, denn das Strafgesetz soll ja auf Alle vorbeugend wirken

---

*) Man denke nur an die Marquise be Brinvilliers, die große Giftmischerin, den Herzog v. Choiseul-Praslin, den Mörder seiner Gemahlin, und in neuester Zeit den Grafen Chorinsky und seine saubere Gellebte 2c.

und möglichst alle Rechtsverletzungen verhüten. In einem Volke von vielen Millionen könnten einige hundert Bösewichte den fürch= terlichsten Unfug anrichten und ein Gefühl allgemeiner Unsicher= heit und Angst verbreiten, wenn nicht das Strafgesetz sie kräftig genug von Verbrechen abhielte. — Man sieht daher, wie wenig es der Sache entspricht, wenn die M.'sche Schrift bei der Frage über Beibehaltung oder Abschaffung der Todesstrafe, immer nur die An= sichten, die Gefühle und den Culturgrad der Bessern im Volke berücksichtigt wissen will.

Die Natur der Sache wie die Erfahrung lehren, daß die Furcht vor einer Freiheitstrafe — selbst der lebenslänglichen — grade auf die verworfensten und gefährlichsten Menschen — die Gewohnheitsverbrecher — nur schwach wirkt, und zwar aus mehr= fachen Gründen. Einmal, weil das Leben im Gefängnisse — zu= mal wie die neueste Humanität dasselbe in mehrern Ländern ein= gerichtet hat, — immer noch ein sehr erträgliches ist, ja in Bezug auf Gesundheitspflege, Kost, Arbeitsmühe u. s. w. einen vortheil= haften Vergleich mit dem Leben manches armen, sorgenvollen Tag= löhners oder kleinen Handwerkers darbietet. Zweitens, weil sich rade bei den schlimmsten Gesellen an die Vorstellung einer Frei= heitstrafe — selbst der lebenslänglichen — stets die Hoffnung einer Befreiung knüpft, sei es daß sie denken, gelegentlich durch Gewalt= that oder List ausbrechen zu können — was den ärgsten Bösewich= ten oft genug gelingt; sei es daß sie auf Entlassung in Folge ir= gend einer Amnestie oder Begnadigung rechnen, die sie durch er= heuchelte Reue und Besserung zu beschleunigen hoffen, — ein Fall der in England, seit Einführung des „ticket of leave system", zum Schrecken und Schaden des Publikums so häufig vorkommt. Ueberhaupt bietet die Vorstellung einer Freiheitstrafe und der Zu= stände die sie mit sich bringt (und die der Menge meist unbekannt sind) ein weit weniger klares, bestimmtes und abschreckendes Bild, als die Todesstrafe. Aus allen diesen Gründen kann daher ihre Wirksamkeit als Mittel zur Abhaltung von Verbrechen mit der Wirksamkeit der Todesstrafe keineswegs auf gleiche Linie gestellt werden. Die gefährlichsten Verbrecher fürchten sie nicht, oder nur wenig, aber sie fürchten die Todesstrafe.

Es sei uns gestattet, in dieser Beziehung zwei treffende Fälle zu erzählen, die dem Verfasser dieser Schrift aus der sichersten Quelle — aus dem Munde des Gerichtspräsidenten, der sie behandelte und entschied — bekannt geworden sind. Als Schinderhannes mit seiner Bande vor dem Criminalgericht in Mainz stand, hatte der erwähnte Gerichtspräsident (Herr v. Rebmann, später Appellationsgerichtspräsident in Zweibrücken) öfters Privatgespräche mit dem Räuberhauptmann, weil er hoffte, ihn durch milde Worte zu einem aufrichtigen und vollständigen Geständnisse stimmen zu können, was auch gelang. Bei einer solchen Gelegenheit sagte ihm Schinderhannes, er habe sehr wohl gewußt, daß das Gesetz nur auf den Mord, und bei nächtlichem Einbruch nur auf gewisse erschwerende Umstände die Todesstrafe setze; er habe daher bei allen seinen Räubereien sowohl den Mord als jene erschwerenden Umstände (namentlich Ausübung von Grausamkeiten gegen Personen) sorgfältig vermieden und dieselbe Vorsicht seinen Leuten eingeschärft. Nur ein einzigesmal habe er sich, bei einem Straßenraube, durch einen plötzlichen Zornanfall hinreißen lassen, einen Juden zu erschlagen, weil er die Juden überhaupt sehr hasse. Es sei ihm nachher sehr leid gewesen, weil er wohl gewußt, daß ihn diese That einem Todesurtheil aussetze. Als ihm der Präsident darauf bemerkte, daß doch auch lebenslängliche Zwangsarbeit keine Kleinigkeit sei, erwiederte ihm der lecke Räuberhauptmann: „Herr Präsident, der Schinderhannes und seine Leute fürchten sich vor keinem Gefängniß; es ist ihnen keines fest genug." Und in der That hatte diese Bande, so wie die gleichzeitig existirende „niederländische," mehr als einmal gelungene Ausbrüche verübt — wie dies in der Geschichte jener Banden (von dem damaligen Staatsanwalt Keil in Cöln) zu lesen ist.

Ein zweiter sehr ähnlicher Fall war der des Räuberhäuptlings Damian Hessel, der etwas später als Schinderhannes florirte. Dieser war ein halber Literat — (er hieß in seiner Bande der Student) — und trieb, um nicht der Todesstrafe zu verfallen, die Vorsicht so weit, daß er — nach der Versicherung des erwähnten Präsidenten — stets den Code pénal bei sich trug, um desto sicherer Alles zu vermeiden, was zur Todesstrafe führen könnte. Auch beging er nie einen Mord. Zu seinem Unglück aber versah er es einst bei einem nächtlichen Einbruch mit einem andern erschwerenden Umstand, und so fiel gleichfalls sein Kopf in Mainz unter dem Fallbeil.

Diese Beispiele, noch mehr aber die einfache Natur der Sache, zeigen klar: 1) daß die Todesstrafe mehr als jede andere gefürchtet wird, selbst von Gewohnheitsverbrechern; und 2) daß selbst solche Verbrecher, um ihr zu entgehen, sich so viel möglich vor todeswürdigen Missethaten — namentlich vor Mord — zu hüten suchen. In der That, wenn die Todesstrafe auch für den Mord aufgehoben wäre, welches Motiv bliebe dann für Verbrecher, die Straßenraub oder nächtlichen Einbruch verüben, noch übrig, die Beraubten nicht auch zugleich zu ermorden, da sie durch den Mord ihr Leben nicht aufs Spiel setzen, aber den Vortheil gewinnen, durch ihn die Zeugen des Verbrechens zu beseitigen? Diese Consequenz ist unausbleiblich, und man kann sie nicht scharf und ernst genug in's Auge fassen. Die M.'sche Schrift sagt zwar dagegen (p. 137, Anm. 9): „Diese Besorgniß beruhe auf der grundlosen Vorstellung, daß in solchen Augenblicken der Verbrecher mit kaltem Blute Gründe für und wider erwäge, was durch Erfahrung gradezu widerlegt sei." — Die Schwäche dieses Einwandes fällt jedoch in die Augen, und wir haben ihn bereits weiter oben genugsam widerlegt. Wenn Räuber einen Straßenraub oder einen nächtlichen Einbruch vorhaben, so machen sie sich, wie sich ganz von selbst versteht, ihren Plan dazu, und zwar gewöhnlich mit großer Vorsicht und Klugheit. Ob nun in diesen Plan auch der Mord aufgenommen wird oder nicht, — ob sie sich außer den Diebswerkzeugen auch mit Mordwerkzeugen versehen u. s. w. das wird hauptsächlich davon abhängen, ob sie durch Mord ihren Kopf wagen oder nicht. Daß die Erfahrung dies „gradezu widerlege", dürfte sehr schwer zu beweisen sein. Es ist vielmehr klar, daß für solche Verbrecher starke Motive vorliegen, auch Mord zu ver-

üben, weil der Mord für sie das Mittel sein kann, nicht blos et=
waigen Widerstand zu überwinden, sondern auch den Beweis der
That zu erschweren oder ganz zu beseitigen. Mithin darf auch das
stärkste Gegenmotiv — die Furcht vor der Todesstrafe — hier
nicht fehlen.

Es lassen sich überdies noch andere, ebenso nahe liegende
und noch viel grellere Fälle denken, wo der Mord völlig straflos
sein würde, wenn die Todesstrafe für a l l e Fälle aufgehoben wäre.
Gesetzt z. B. ein Verbrecher wäre bereits — sei es wegen Mor=
des, oder eines andern schweren Verbrechens — zu der höchsten
Freiheitstrafe, also zur lebenslänglichen, verurtheilt und säße im
Gefängniß. Hat er nun Lust hier einen neuen Mord zu begehen
— etwa seinen Gefängnißwärter, oder gar seinen Geistlichen zu
erdrosseln oder todt zu schlagen, oder einen mißliebigen Came=
raden, der ihn ärgert, oder der irgend ein schlimmes Projekt an=
gezeigt hat, umzubringen — lauter Dinge die schon vorgekommen
sind, — so kann er dies ganz straflos thun, denn er ist ja schon
zur höchsten Freiheitstrafe verurtheilt, und eine Todesstrafe gibt
es nicht für ihn, da sein Leben h e i l i g ist, (wie jener weise Lord=
kanzler von Irland sagt) obschon er selbst das Leben Anderer für
nichts achtet. Sonach würden wir durch die g ä n z l i c h e Abschaf=
fung der Todesstrafe zu dem schönen Resultate gelangen, daß der
Verbrecher, über welchen bereits die höchste Freiheitstrafe verhängt
ist, von nun an ungestraft morden dürfte, so viel er will und
kann! — Oder wollte man vielleicht, um hier auszuhelfen, die
Freiheitstrafe für diesen Fall durch allerlei mittelalterliche Martern
verschärfen??

Die logische und unabweisliche Schlußfolge, die sich aus der
soeben dargelegten Betrachtung ergibt ist: daß die h ö c h s t e Strafe,
die das Gesetz kennt, von der Art sein muß, daß sie die p h y =
s i s c h e Möglichkeit der Verübung weiterer Mordthaten aus=
schließt, weil es für diese keine Strafe mehr gäbe. Die höchste
Strafe muß sonach die Todesstrafe sein.

Wenn die M.'sche Schrift (p. 137, Anm. 10) hiegegen ein=
wendet, daß solche Fälle (d. h. Mord verübt durch einen bereits

Verurtheilten) nur Folge einer Seelenstörung, oder einer allzu
harten Behandlung, oder eines im Gefängniß etwa eingeführten
Spionirsystems sein können, so leuchtet die Unhaltbarkeit dieses
Gegengrundes zu sehr ein, als daß er einer Widerlegung bedürfte
Es lassen sich hundert Veranlassungen denken, welche die Mord=
lust eines rohen Sträflings — vielleicht eines Gewohnheitsmör=
ders — aufregen können, und warum sollte er sie bändigen, wenn
er keine höhere Strafe zu fürchten hat, als die, welche er bereits
erleidet? Auch wird es ihm — das lehren die nicht gar selten
vorgekommenen Fälle der Art — nicht leicht an Mitteln fehlen,
seine Mordgedanken zu vollführen, so lang man ihm nicht die
Fäuste abhaut. Und zu solchen Mitteln wird man doch hoffentlich
nicht greifen wollen.

Ueberhaupt müssen wir hier die Bemerkung machen, daß die
gänzliche Aufhebung der Todesstrafe unausweichlich zur Ver=
schärfung der Freiheitstrafe führen müßte, nicht nur um in dem
soeben besprochenen Falle den Mord nicht ganz straflos zu lassen, son=
dern auch um überhaupt der Androhung der Freiheitstrafe, wenn
sie auch für die schwersten Verbrechen die höchste Strafe sein soll,
einigermaßen die nöthige Kraft zu verleihen. Die Todesstrafe auf=
zuheben und zugleich die Freiheitstrafe zu mildern — wie viel=
fach verlangt wird — wäre ein logischer Widerspruch. Es hieße
die vorbeugende Kraft des Strafgesetzes auf doppelte Weise ab=
schwächen.

Auch die Besorgniß, daß die gänzliche Aufhebung der Todes=
strafe in einem einzelnen Staate eine Art Einwanderung gefähr=
licher Verbrecher aus andern Staaten, wo die Todesstrafe noch
besteht, zur Folge haben könnte, ist keineswegs ohne Grund.
M. führt zwar p. 138 dagegen an, daß in Toskana, Oldenburg und
Nassau, wo die Todesstrafe aufgehoben ist, noch nichts der Art
vorgekommen. Aber wenn dies auch feststünde (was wohl nicht
so ganz sicher ist) so wäre es kein Beweis, daß jene Gefahr nicht
dennoch existire, zumal da die Erfahrung in den erwähnten Län=
dern noch so kurz ist, und da es völlig ungewiß ist, ob die That=
sache, daß die Todesstrafe in den genannten kleinen Ländern aufge=

hoben worden, dem Auslande nicht unbekannt geblieben, na=
mentlich den Schichten, aus welchen die groben Verbrecher meist
hervorgehen. Wir erlauben uns sogar zu vermuthen, daß selbst
manche Gelehrte anderer Länder von jener Aufhebung nichts
wußten. Die M.'sche Schrift sucht die erwähnte Besorgniß dadurch
lächerlich zu machen, daß sie sagt: „Es wird wohl keinem in
Preußen wohnenden Manne, der seine Ehefrau morden will, ein=
fallen, seine Frau nach Oldenburg oder Nassau zu locken, damit
er sie besser morden könne, ohne die Todesstrafe fürchten zu
müssen." — Aber wir fragen in vollem Ernste: Warum nicht?
Der Gedanke liegt nicht fern, vorausgesetzt, daß der saubere Ehe=
mann von der Aufhebung der Todesstrafe im Nachbarlande weiß;
— und gerade einem Ehemann wäre die Ausführung leicht, weil
er seine Frau an jeden beliebigen Ort bringen kann. Gesetzt, die
Todesstrafe wäre in Baden aufgehoben, wie leicht wäre es dann
z. B. einem Franzosen, der sich seiner Frau entledigen wollte, sie
unter dem Vorwand einer Badereise nach einem der Bäder dieses
Landes zu bringen und hier den Mord zu begehen. Oder setzen
wir den Fall einer Räuberbande. Wird diese nicht lieber in einem
Lande hausen, wo sie auch morden kann ohne die Todesstrafe
fürchten zu müssen, als da wo diese Strafe ihr droht?
      Aus allen bisherigen Betrachtungen wird sich leider ergeben,
daß die Todesstrafe noch immer für gewiße Fälle — namentlich
für den Mord mit böslichem Vorbedacht — nothwendig, un=
entbehrlich ist, wie sie es zu allen Zeiten und bei allen Völ=
kern, gebildeten wie ungebildeten, gewesen ist, und wie sie es wahr=
scheinlich für alle Zukunft sein wird, weil nicht anzunehmen ist,
daß ein Volk jemals ganz von jener gefährlichen Menschenklasse
frei sein wird, die des stärksten Zügels, des kräftigsten Abschreckungs=
mittels bedarf, um nicht alle heiligen Bande der Gesellschaft frech
zu zerreißen. Es ist augenscheinlich, daß sie nicht durch die Frei=
heitstrafe ersetzt werden kann, es wäre denn, daß man diese durch
grausame Qualen verschärfte, was viel schlimmer wäre als die
Todesstrafe. Freilich kann auch die Letztere nicht alle Mordthaten
verhüten, weil ihre Androhung in einzelnen Fällen noch immer

nicht stark genug gegen den Trieb zum Verbrechen zu wirken vermag. Aber dennoch beugt sie ohne Zweifel einer Unzahl von Mordthaten vor, die im Werk waren, oder zu denen eine mehr oder minder starke Versuchung vorlag, die aber aus Furcht vor dem Strafgesetz unterblieben und eben darum nicht bekannt werden konnten. Gerade dieses Verhüten — wir wiederholen es — ist ja der Triumph des Strafgesetzes, nicht die Vollziehung der Strafe in den Ausnahmsfällen, wo die Kraft der Drohung zu schwach war, um ihren eigentlichen Zweck, die Vorbeugung, zu erreichen.

Der oft gehörten Ansicht, daß die Todesstrafe da abzuschaffen sei, wo die Gesittung des Volkes eine solche Höhe erreicht habe, daß todeswürdige Verbrechen nicht mehr vorauszusetzen seien, setzen wir folgendes einfache Dilemma entgegen. Entweder ist die höhere Gesittung des Volkes wirklich so allgemein, daß keine todeswürdigen Missethaten mehr verübt werden, — gut, dann kommt die Todesstrafe, obgleich im Gesetze angedroht, nicht zur Anwendung; die Androhung aber kann in keinem Falle schaden, — sie wird vielmehr die Bevölkerung in ihrer guten moralischen Stimmung noch bestärken und zur gänzlichen Verhütung solcher Verbrechen mächtig beitragen. Oder es werden dennoch todeswürdige Verbrechen begangen, — dann ist der Beweis gegeben, daß die Voraussetzung, auf welche die Abschaffung der Todesstrafe sich gründete (die Voraussetzung allgemeiner Gesittung) eine irrige war. Und daß sie überall eine irrige sein würde, kann kaum einen Zweifel leiden.

Hören wir nun die speciellen Gründe, welche die M.sche Schrift gegen die Nothwendigkeit der Todesstrafe geltend macht. Sie sagt zuerst — p. 145 — dieselbe sei unnöthig, „weil in zahlreichen Fällen schwere Verbrecher in den Strafanstalten gründlich gebessert worden, und weil an der Besserungsfähigkeit keines Verbrechers verzweifelt werden dürfe." Allein dieses Argument ist, wie man sogleich sieht, eine Frucht der bereits widerlegten Besserungstheorie und sonach ohne Gewicht. Aber selbst die Prämisse ist faktisch unrichtig; denn die Mehrzahl der schweren

Verbrecher bleibt u n g e b e f f e r t, wie die Häufigkeit der Verbrechen beweist, die durch entlassene Sträflinge verübt werden. Was nun der liebenswürdige und edle, aber für einen Criminalisten vielleicht allzu weichherzige Verfasser der vor uns liegenden Schrift mit einem Raubmörder anzufangen gedenkt, der zum zweitenmal und zum dritten= und viertenmal Raub und Mord verübt, das ver= mögen wir nicht zu sagen, da die ganze Schrift mit keiner Silbe der r ü c k f ä l l i g e n Verbrecher erwähnt, die freilich auch gar zu übel in die Besserungstheorie passen.

Einen weitern Einwand gegen die Nothwendigkeit und Zweck= mäßigkeit der Todesstrafe spricht M. p. 146, in folgenden Wor= ten aus:

„Eine Strafe ist um so wirksamer, je mehr bei ihrer An= drohung darauf gerechnet werden kann, daß die zu Verbrechen Ge= neigten durch die Gewißheit, daß die Strafe den Verbrecher sicher treffen wird, von Begehung der Verbrechen abgehalten wer= den. Die Erfahrung lehrt nun, daß, wo die Todesstrafe gedroht ist, der Verbrecher mehr als bei andern Strafen Aussicht hat, daß ihn die Strafe nicht treffe, weil er weiß, daß schon bei der Straf= verfolgung er günstige Aussicht darauf hat, daß er nicht verurtheilt werde, und bei der wachsenden Zahl der Begnadigungen er darauf rechnen kann, daß auch er Gnade finden werde. Wenn dagegen lebenslängliche Freiheitsstrafe dem Verbrecher gedroht ist, so fallen die erwähnten Aussichten der Strafe zu entgehen weg, die Ver= urtheilung ist gesichert, und die Begnadigung wird dann nicht ein= treten."

Vor Allem bemerke man, daß die M.'sche Schrift auch hier wieder die Richtigkeit des von uns vertheidigten Grundprinzips, daß der Hauptzweck des Strafgesetzes sei, d u r c h A n d r o h u n g d e r S t r a f e v o n B e g e h u n g d e r V e r b r e c h e n a b z u h a l = t e n, vollkommen anerkennt — obwohl sie dasselbe anderwärts bestreitet; — denn das ganze Argument beruht auf dieser Voraus= setzung. Das Gewicht des Arguments selbst aber ist nicht groß. Denn obgleich es wahr ist, daß die vorbeugende Kraft der Straf= drohung um so stärker wirkt, je gewisser auf ihre Vollziehung ge=

rechnet werden kann, und ebenso wahr, daß Zeugen, Geschworene und Richter oft einen Widerwillen gegen die Todesstrafe empfinden und der Anwendung derselben auszuweichen suchen, so ist doch dies nur dann der Fall, wenn die Schwere der That der Todesstrafe nicht entspricht, — wenn diese Strafe dem natürlichen Rechtsgefühle der Zeugen, Geschworenen oder Richter als zu streng, als grausam erscheint. Ist dagegen die Todesstrafe in einem Falle anzuwenden, wo sie, weit entfernt dem allgemeinen Rechtsgefühle widersprechen, vielmehr von diesem gefordert wird, so fällt auch dieser Widerwille sammt allen Consequenzen desselben weg. In einem solchen Falle wird auch keine Begnadigung erfolgen; — wie denn überhaupt die vielen Begnadigungen, auf welche M. sich wiederholt bezieht, lediglich daher rühren, weil in den meisten bis jetzt bestehenden Gesetzbüchern die Todesstrafe viel zu häufig angedroht ist. Eben deshalb ist auch die Behauptung, daß diese zahlreichen Begnadigungen nicht nachtheilig auf das Volk gewirkt und namentlich keine Vermehrung schwerer Verbrechen zur Folge gehabt, für die Frage über gänzliche Aufhebung der Todesstrafe ohne Bedeutung. — Sonach ergibt sich klar, daß die obigen Argumente nur für größere Beschränkung der Todesstrafe, nicht aber für unbedingte Abschaffung derselben sprechen.

Der stärkste Grund, den M. (p. 146) für diese Abschaffung geltend macht, und der sich überhaupt dafür auffinden läßt, liegt in der Betrachtung, daß wenn das Todesurtheil einen Unschuldigen trifft und vollzogen wird, ein so schrecklicher Irrthum nicht wieder gut gemacht werden kann. Es ist nicht zu bezweifeln, daß schon manche Fälle der Art vorgekommen sind, und ebensowenig läßt sich mit hinlänglichem Grund behaupten, daß durch die Institution der Schwurgerichte jede Gefahr der Verurtheilung eines Unschuldigen beseitigt sei. Aber dennoch liegt in dieser Betrachtung kein genügender Grund zur gänzlichen Aufhebung der Todesstrafe, und zwar: 1) Weil die erwähnte Gefahr sich immerhin nur auf die Gewißheit der Schuld bezieht, mithin nur dazu führen kann, daß die Gesetzgebung alle möglichen Vorsichtsmaßregeln zur Feststellung dieser Gewißheit und zur Beseitigung der von M.

p. 111 angedeuteten Mängel des Verfahrens treffe, nicht aber, daß sie eine sonst nöthige Strafart völlig aufgebe. 2) Weil es immer eine Menge Fälle gibt, wo diese Gewißheit über jeden Zweifel erhaben ist. Sie bilden ohne Frage die ungeheuere Mehr=zahl, da der Fall, wo gegen einen Unschuldigen ein Schein=beweis vorliegt, der stark genug ist, um ein aus 12 unparteiischen und verständigen Männern bestehendes Schwurgericht zu täuschen und zu einer grundlosen Schuldigerklärung zu bewegen, der Natur der Sache nach nur als höchst seltene Ausnahme vorkommen kann. 3) Weil endlich, wenn durch eine ungewöhnliche Verkettung von Umständen ein solcher Ausnahmsfall einmal vorkommt, ein ver=ständiger Trost in der Betrachtung gefunden werden kann, daß eben alle menschlichen Dinge und Einrichtungen von oben herab zur Unvollkommenheit verurtheilt sind, und daß der, den ein sol=ches Loos trifft, sich mit den Tausenden von Unschuldigen trösten muß, die irgend ein anderer tödtlicher Zufall — ein Blitzstrahl, eine Explosion, ein Schiffbruch, eine Mörderhand — getroffen hat. Daß aber die Möglichkeit eines so seltenen Falles genügen sollte, einer Strafart ganz zu entsagen, die als nöthig erkannt wird, um dem Leben aller Staatsangehörigen wirksamen Schutz zu gewähren, und die durch ihre Androhung einer unberechenbaren Zahl von Mordthaten vorbeugt, das wäre offenbar viel zu weit gegangen.

Aber, — so sagt die M.'sche Schrift weiter, — die Todes=strafe zeigt sich als unnöthig, weil die Erfahrung lehrt, daß in den Ländern wo sie abgeschafft ist, die Zahl der todeswürdigen Verbrechen — namentlich der Morde — sich nicht vermehrt hat.

Dieses Argument wäre gut, ja vielleicht entscheidend, wenn es eine nähere faktische Prüfung aushielte. Aber man vergesse nicht, daß, wenn von der gänzlichen Aufhebung einer Strafart die Rede ist, für welche so dringende und handgreifliche Gründe spre=chen, und welche seit Jahrtausenden bei cultivirten wie bei rohen Völkern für unentbehrlich gehalten wurde, die angebliche Erfah=rung, die dies Alles umstoßen soll, eine sehr unzweideutige, voll=ständige und in jeder Hinsicht fest begründete sein müßte. Nun aber klagt M. selbst (p. 71 und 73 inf.) in Bezug auf Erfah=

rungen in dieser Sache über den großen Mangel des Materials „dessen Benützung allein Denjenigen, welche ihre Stimme abgeben sollen, eine gründliche Entscheidung möglich macht." So hätten wir denn schon von vorn herein ein Bekenntniß des Verfassers selbst über die Unzulänglichkeit der Erfahrungen die er geltend macht.

Nehmen wir Alles, was an Erfahrungen hier vorliegt, zusammen, so hätten wir im Wesentlichen folgende Thatsachen vor uns:

1) Daß die ungeheuere Mehrzahl der civilisirten Staaten bis heute die Todesstrafe, in größerer oder geringerer Ausdehnung, als nothwendig beibehalten hat, obgleich fast überall zu wiederholtenmalen mit Ernst und Wärme darüber diskutirt worden ist. Dies gilt für England, Frankreich, Oesterreich, Preußen, Bayern und alle übrigen deutschen Staaten mit Ausnahme von drei der kleinsten; — es gilt für Belgien, die Niederlande, Schweden, Dänemark, Portugal, auch für ganz Italien, mit Ausnahme von Toskana und der winzigen Republik San Marino, — es gilt für sämmtliche Schweizerkantone, mit Ausnahme von Neuchatel; — (Tessin hat am 16. Mai 1863 einen Antrag auf Abschaffung der Todesstrafe verworfen*); dasselbe gilt auch von den Vereinigten Staaten von Amerika, mit Ausnahme von 3 Staaten unter 36. Wir könnten auch noch Spanien und Rußland nennen, wollen sie jedoch lieber bei Seite lassen, weil es zweifelhaft scheinen mag, ob sie in Bezug auf Strafrecht unter die civilisirten Staaten zu zählen sind. Wenn nun überhaupt bei Fragen von vorwiegend praktischer Bedeutung Gewicht auf die Ansicht der Mehrheit zu legen ist, so zeigt sich dieses Gewicht hier im höchsten Maaße, da die Minderheit so gering ist, daß sie fast ganz verschwindet. Wir möchten insbesondere auf das Beispiel Englands, Frankreichs und Belgiens hinweisen, weil diese Staaten, bei hoher Civilisation und milder Sitte, sich besonders durch einen gesunden praktischen Sinn auszeichnen, woran es

---

*) Noch neuer ist die Verwerfung eines Antrages auf Abschaffung der Todesstrafe in Lübek. Sie fand im Juli 1863 statt, und zwar mit großer Stimmenmehrheit.

uns idealisirenden, zu allerlei Schwärmerei und Uebertreibung geneigten Deutschen oft so sehr gebricht.*) In Bezug auf England namentlich (auf welches die M.'sche Schrift so oft sich beruft) würde man sehr irren, wenn man glauben wollte, daß dort die allgemeine Stimmung der Todesstrafe zuwider sei. Wenn dies der Fall wäre, so würde sie längst abgeschafft sein, denn in England geschieht was die öffentliche Meinung verlangt. Im Gegentheil haben die vielen gräulichen Mordthaten, die noch immer in England und Irland vorkommen, sowie die mörderische Frechheit der Londoner Straßenräuber (garotters), die entgegengesetzte Stimmung hervorgerufen und die öffentliche Stimme protestirt mehr und mehr gegen alle Sentimentalität im Strafrecht, tadelt scharf das behagliche Leben der Sträflinge in den Gefängnißen, will die tickets of leave wieder abgeschafft wissen, u. s. w. Ja das englische Parlament und die milde Königin haben sogar die Freiheitstrafe für die „garotters“ durch Auspeitschung verschärft. Die Engländer begreifen, daß Weichherzigkeit nicht an ihrem Platze ist, wo es darauf ankommt, menschliche Leidenschaften, Laster und Roheiten zu bändigen und die Gesammtheit vor ihren wilden Ausbrüchen zu schützen. Beweise hievon gibt fast jede Nummer der englischen Blätter.**)

2) Fassen wir nun die wenigen Beispiele der Aufhebung der Todesstrafe, sowie die M.'sche Schrift sie anführt, näher in's Auge. Sie sind:

a) Toskana. Hier wurde die Todesstrafe zuerst aufgehoben im Jahr 1786, — wieder eingeführt 1790, — ausgedehnt 1795, — noch mehr ausgedehnt 1803, — dann noch mehr durch Einführung des französischen Code pénal; — 1816 wurde

---

*) Diesem nationalen Charakterzuge, so wie dem Enthusiasmus des Augenblicks, schreiben wir auch hauptsächlich die vorübergehende Aufhebung der Todesstrafe durch die „Grundrechte“ (1849) zu.

**) In Gal. Messenger vom 30. Juli 1863 lesen wir, daß die Commission des Oberhauses, die den Zustand der Gefängnisse zu untersuchen hatte, sich dringend für mehr Ernst und Strenge in der Behandlung der Sträflinge ausspricht. Auch heißt es hier wörtlich: „The committee dissent altogether from the principle that the moral reformation of the criminal is the object of punishment.“

das Gesetz von 1795 wieder hergestellt und verschärft, — 1847 die Todesstrafe wieder aufgehoben; 1852 wieder eingeführt — 1860 wieder aufgehoben. Wir haben also hier, mit langen Zwischenräumen, drei verschiedene und ziemlich kurze Perioden, in welchen die Todesstrafe nicht bestand. Die erste dauerte vier Jahre (1786—90), — die zweite fünf Jahre (1847—52), — die dritte zwei Jahre (1860—62), — und in diesen drei Perioden soll keine Vermehrung der schweren Verbrechen stattgefunden haben, auch seit 1831 kein Todesurtheil vollstreckt worden sein.

b) Oldenburg, Nassau und Anhalt. In diesen kleinen Staaten wurde die Todesstrafe 1849 (durch Verkündigung der „Grundrechte") aufgehoben und seitdem nicht wieder eingeführt. Von Oldenburg sagt M. blos, daß keine Stimmen für Wiedereinführung derselben laut geworden, und daß mehrere Beispiele von Besserung schwerer Verbrecher vorgekommen. Ob die schweren Verbrechen sich vermehrt oder vermindert, wird nicht gesagt.— Von Nassau wird blos die Zahl der seit 1851—58 vorgekommenen Anklagen und Verurtheilungen wegen Mordes angegeben und daraus geschlossen, daß die Zahl der schweren Verbrechen sich in dieser Zeit nicht vermehrt habe, obschon die Vergleichung mit der früheren Zeit fehlt. Ueber Anhalt enthält die M.'sche Schrift gar nichts Näheres.

c) Neuchatel. Hier ist die Todesstrafe seit 1854 aufgehoben, und M. sagt, daß die statistischen Tabellen keine Vermehrung schwerer Verbrechen zeigen und daß die Wiedereinführung der Todesstrafe nicht begehrt werde.

d) In Bezug auf die drei Staaten der amerikanischen Union, in welchen die Todesstrafe aufgehoben wurde (Michigan, Rhode-Island und Wisconsin) sind keine nähern Belege über die Folgen der Aufhebung beigebracht.

Wir wollen die Zuverlässigkeit der Quellen, aus welchen die obigen Angaben geschöpft sind, nicht bezweifeln und eben so wenig das Gewicht, welches diesen Thatsachen etwa zukommen mag, schmälern. Aber wir halten dies Gewicht für gering, — für viel zu gering, um die Wagschale zu Gunsten der gänzlichen Abschaffung

der Todesstrafe sinken zu machen. Die schwache Seite dieser an=
geblichen Erfahrungen liegt einestheils darin, daß sie sich nur auf
wenige und verhältnißmäßig kleine Staaten beziehen; noch weit
mehr aber darin, daß sie bei weitem nicht lang genug ge=
dauert haben, um zu dem Schluß zu berechtigen, welchen M.
daraus zieht. Um mit Recht sagen zu können, daß die Androhung
der Todesstrafe und die vorbeugende Kraft derselben sich unnöthig
zeige, weil da wo die Todesstrafe aufgehoben worden, in einer ge=
wissen Zahl von Jahren die schweren Verbrechen sich nicht ver=
mehrt haben, müßte vor allen Dingen erwiesen oder mit voller
Sicherheit anzunehmen sein, daß die Abschaffung der Todesstrafe
auch in den rohen und rohesten Volksschichten — in den Schichten,
wo die Versuchung zu den schwersten Verbrechen am stärksten zu
sein pflegt — allgemein bekannt geworden. Liegt dieser
Beweis nicht vor, so verliert das Argument alle Kraft. Denn
alsdann bleibt es wahrscheinlich, daß diese rohe und unwissende
Klasse, die sich überhaupt um Gesetzgebung wenig kümmert und
sehr selten erfährt, was in diesen höhern Kreisen vorgeht, gar nichts
von der Aufhebung der Todesstrafe gewußt habe, — daß sie also
in der althergebrachten und keineswegs unnatürlichen Meinung,
daß der Mord mit Tod bestraft werde, fortgelebt habe, so daß die
Aufhebung für sie gar nicht existirte. Man lasse einmal ein solches
Aufhebungsgesetz in allen Dörfern und Städten austrommeln oder
durch die Schelle bekannt machen und von allen Kanzeln verkünden,
so daß alles gefährliche Gesindel erfährt, daß es künftig morden
kann ohne das eigne Leben auf's Spiel zu setzen, — dann werden
sich ganz andere Folgen zeigen! Wir wissen gar wohl, daß nach
einer gesetzlichen Präsumption alle durch die amtlichen Blätter
publizirten Gesetze als allgemein bekannt angesehen werden. Aber
zwischen dieser Fiktion und dem wirklichen thatsächlichen Bekannt=
sein ist ein großer Unterschied, und hier handelt es sich von einer
Schlußfolge, die nur auf wirkliche und zwar sehr vollständige
Thatsachen gebaut werden könnte.

Die M'sche Schrift selbst (p. 151) erkennt an, daß eine all=
gemeine Kenntniß eines solchen Aufhebungsgesetzes nicht anzuneh=

men sei, und citirt (in Anm. 18) mehrere frappante Beispiele einer
solchen Unkenntniß. Sie benutzt hier die Thatsache als Argument,
daß gewisse schwere Verbrechen, die nach Aufhebung der Todesstrafe verübt wurden, nicht durch diese Aufhebung veranlaßt waren; denn — so sagt sie — da die Thäter nichts von der Aufhebung wußten, so konnten sie sich auch nicht durch sie bestimmen
lassen. Das Argument ist treffend. Aber man übersehe nicht, daß
alsdann, ganz aus demselben Grunde, auch das Unterbleiben
der Verbrechen keinen Schluß für die Entbehrlichkeit der Todesstrafe zuläßt. In dem Satze: „Die Verbrechen haben sich seit
Aufhebung der Todesstrafe nicht vermehrt, also ist sie unnöthig“—
liegt nothwendig die Behauptung, daß diejenige Strafart, die an
Stelle der Todesstrafe getreten, eine eben so starke Vorbeugungs-
oder Abschreckungskraft besitze wie sie. Wie läßt sich dies aber sagen, wenn diese Veränderung des Gesetzes einem großen Theil des
Volkes — und zwar gerade dem rohern — unbekannt geblieben?
Noch einmal, für diesen Theil existirte die Aufhebung der Todesstrafe nicht, soweit von der vorbeugenden Wirkung der Strafdrohung die Rede ist, und es blieb in dieser Hinsicht alles so, als
bestünde sie noch fort.

Wollte man sagen, daß ja die Aufhebung der Todesstrafe
um so eher gewagt werden könne, weil anzunehmen sei, daß sie
der rohesten, gefährlichsten Volksklasse unbekannt bleibe, so würden
wir fragen, ob es weise, ob es der Gesetzgebung würdig sein könne,
ein Gesetz zu machen in der Hoffnung, daß es einem Theil des
Volkes unbekannt bleibe? Freilich that Joseph II. etwas Aehnliches, als er beschloß, kein Todesurtheil mehr vollziehen zu lassen,
aber zugleich befahl, daß diese Anordnung ein Geheimniß bleiben solle! Ob dieses Beispiel Nachahmung verdiene, ist mehr als
zweifelhaft. Wir sehen darin einen seltsamen Widerspruch, —
einen Kampf des gesunden Menschenverstandes mit einer sentimentalen Anwandlung, jedenfalls aber die klare Anerkennung, daß auch
Kaiser Joseph die Furcht vor der Todesstrafe als nöthig zur Verhütung der schwersten Verbrechen betrachtete und daher nicht wagte,
sie öffentlich aufzuheben. Uebrigens wäre auch die Voraus-

setzung, daß die Aufhebung der Todesstrafe der Menge — selbst der rohern — für immer unbekannt bleiben könne, eine sehr thörichte. Die Kenntniß davon wird sich allmälig unter sie verbreiten, wenn auch vielleicht erst nach Decennien. Sie wird allgemein werden durch irgend eine abscheuliche Mordthat, die in allen Volksklassen Schauder erregt und die allgemeine Erwartung begründet, daß der Missethäter mit seinem Blute dafür büßen werde. Dann erst, wenn diese Erwartung getäuscht und eine bloße Freiheitsstrafe verhängt wird, werden die niedersten Volksschichten erfahren, daß es keine Todesstrafe mehr gibt, und dann erst werden die Folgen eintreten, die sich überall zeigen, wo den menschlichen Leidenschaften kein hinlänglich starker Zügel angelegt ist.

Aber, — so argumentirt die M.'sche Schrift (p. 94) ferner, — wenn auch in Toskana die Perioden, während welchen die Todesstrafe nicht bestand, nur kurz waren, so hat doch seit 1831 bis heute — also seit mehr als 30 Jahren — keine wirkliche Hinrichtung mehr dort stattgefunden, ohne daß die schweren Verbrechen sich mehrten, und Aehnliches, wenn auch für kürzere Zeiträume, gilt von einigen andern Ländern; mithin erscheint die Todesstrafe als unnöthig." — Wir erwiedern hierauf: Die Richtigkeit der Thatsache angenommen, so erklärt sie sich, ohne daß der obige Schluß daraus folgt, einfach daraus, daß während dieser ganzen allerdings nicht kurzen Periode die Furcht vor der Todesstrafe in der That auf das Volk fortwirkte; denn die Androhung dieser Strafe bestand ja, während des größeren Theils der Periode, im Gesetz, und in den kürzern Zwischenräumen wo sie aufgehoben war, blieb diese Aufhebung dem größern Theil des Volkes unbekannt, so daß die gewohnte Vorstellung, daß Blut mit Blut gesühnt werden müsse, bei ihnen ungeschwächt fortdauerte. Wirkliche Hinrichtungen aber brauchen eben nicht häufig vorzukommen, um diese heilsame Vorstellung aufrecht zu erhalten. Es genügt, daß die Vollstreckung da geschehe, wo das Verbrechen von so schwerer Art ist, daß der Gerechtigkeitssinn des Volkes sie fordert. Wahrscheinlich waren aber die Verbrechen, welche in der erwähnten Zeitperiode vorkamen, nicht von so schwerer Art (wenigſtens liegt das Gegentheil nicht vor) — ſo daß die erfolgten Begnadigungen nicht nachtheilig auf das Volk wirken konnten.

Pag. 152 ſagt ferner die M.'ſche Schrift: „Wäre die Hinrichtung wahrhaft wirkſam um Verbrechen zu verhindern, ſo müßte in den Ländern und zu den Zeiten, wo die meiſten Todesſtrafen vollzogen wurden, die Zahl der todeswürdigen Verbrechen vermindert ſein, — die Erfahrung beweiſt aber das Gegentheil." — Dieſes Argument iſt mit dem ſo eben beſprochenen nah verwandt und die Widerlegung deſſelben iſt nicht ſchwieriger, ſelbſt wenn man die faktiſche Richtigkeit dieſer Erfahrung nicht bezweifelt. Wenn nämlich in einem Lande viele Todesurtheile und Hinrichtungen ſtattfinden, ſo ſetzt dies nothwendig voraus, daß irgend eine anderweite Urſache vorhanden iſt, — ſei es nun, daß ſie im Zuſtande der Sitten, der politiſchen, ſocialen oder ſonſtigen Verhältniſſe liege, — die viele ſchwere Verbrechen veranlaßt. Dauern nun, trotz vieler Hinrichtungen, die Verbrechen dennoch fort, oder vermehren ſie ſich gar, ſo zeigt dies blos, daß jene Urſache noch fortwirkt oder gar ſich verſtärkt hat. Es beweiſt alſo nichts Anderes, als daß unter gewiſſen Verhältniſſen ſelbſt die Androhung und Vollſtreckung der Todesſtrafe nicht immer ſtark genug wirkt. Aber daraus ſchließen zu wollen, daß ſie ganz überflüſſig ſei, — daß ſie gar nichts wirke, oder daß ſie nicht ſtärker wirke als andere Strafarten, das wäre ein handgreiflicher Fehlſchluß. Pag. 153 erklärt M. ſelbſt, daß die vorkommende Vermehrung oder Verminderung ſchwerer Verbrechen nicht die Folge vermehrter oder verminderter Hinrichtungen ſein könne, — womit zugegeben iſt, daß die Urſache anderwärts liegen muß.

Wenn nun nach den bisherigen Betrachtungen der Umſtand, daß da wo die Todesſtrafe aufgehoben war, oder wo ſeit längerer Zeit keine Hinrichtungen vorkamen, die Zahl der ſchweren Verbrechen ſich nicht vermehrt haben ſoll, für die Entſcheidung unſerer Frage von geringer Bedeutung iſt, ſo dürfen auf der anderen Seite auch die zahlreichen, zum Theil von M. ſelbſt erwähnten Fälle nicht unbeachtet bleiben, wo die Todesſtrafe aufgehoben war, aber ſehr bald von Neuem eingeführt werden mußte, weil die schweren Verbrechen sich mehrten, — eine Erfahrung, die wenig= stens eben so schwer wiegt, als die angerufene Erfahrung in den Ländchen, wo man den gewagten Versuch, auch ohne Todesstrafe das Leben Aller gegen verbrecherische Angriffe hinlänglich zu schützen, noch fortsetzt.

Wir kommen nun zu einem weitern, höchst wichtigen Gesichts= punkte. M. selbst erklärt — p. 69, IV — daß die Strafe dem **allgemeinen Rechtsbewußtsein gemäß und im gerech= ten Verhältniß zur Größe des Verbrechens** zu bestim= men sei; und eben so billigt er — p. 147 — die Ansicht eines crim. Schriftstellers, der, obgleich sonst Gegner der Todesstrafe, doch zugibt, daß sie da zu verhängen sei, wo sie **durch die herr= schende Volksmeinung noch getragen oder gefordert wird.** Nun ist zwar gewiß, daß jedes Volk welches, wie das unsrige, im Allgemeinen einen höhern Culturgrad erreicht hat, die Todesstrafe tadelt und verwirft, wenn sie auf Fälle angewendet wird, die nach dem allgemeinen, durch Civilisation und mildere Sitte bestimmten Rechtsbewußtsein, diese Strafe nicht verdienen. Aber eben so gewiß ist, daß es Fälle gibt, wo das allgemeine Rechtsgefühl des Volkes, und zwar des bessern wie des rohern Theils, sich empören würde, wenn eine andere als die Todesstrafe verhängt würde. Freilich pflegen Solche, die sich einmal zur Auf= gabe gemacht haben, die Todesstrafe überhaupt zu bekämpfen, von dergleichen Fällen nicht zu sprechen; sie mögen sogar eine Abnei= gung empfinden, sich ein deutliches Bild davon zu machen; ja sie gerathen allmälig, vielleicht ohne es selbst zu bemerken, in eine Stimmung, die sie gewissermaßen eine stärkere Sympathie für die Verbrecher, als für die Opfer der Verbrechen und für das un= schätzbare Gut der allgemeinen Sicherheit empfinden läßt. Aber es **gibt** solche grauenhafte Missethaten, und das Strafgesetz darf sie nicht unbeachtet lassen. Es sei uns gestattet, einige specielle Fälle der Art anzuführen, und zwar nicht fiktive, sondern solche die sich wirklich ereignet haben und täglich wieder ereignen können.

Ein sechszehnjähriges, blühendes, unschuldiges Mädchen wan= dert an einem Sonntage, das Gebetbuch in der Hand, nach der

Kirche, aus dem einsam gelegenen Wohnhause der Familie. Ihr Weg führt sie durch ein Gebüsch. Ein Bösewicht, der schon längst seine gierigen Blicke auf sie gerichtet hat — ein entlassener Sträfling — lauert ihr hier auf, überfällt sie, nothzüchtigt sie, und dann, ihr Zeugniß fürchtend, erwürgt er sie und wirft ihren Leichnam in den Schlamm eines Grabens. So finden Vater und Bruder des Opfers die geliebte Tochter und Schwester.

Eine Räuberbande überfällt in der Nacht das in bedeutender Entfernung von der nächsten Ortschaft liegende Haus einer zahlreichen Familie. Mehrere männliche Mitglieder der Familie sind in Geschäften abwesend, ein Umstand den die Räuber wissen. Nur der kranke Vater, die Mutter, mehrere erwachsene Töchter und einige kleinere Kinder sind im Hause. Die Räuber knebeln alle weiblichen Personen, nothzüchtigen sie vor den Augen des kranken Vaters, der vergebens ihrer teuflischen Grausamkeit flucht; dann rauben sie das Haus aus, und dann — nach gepflogener Berathung und in der Absicht alle Spuren und Beweise des Verbrechens zu vertilgen, ermorden sie sämmtliche Bewohner — bis auf eines der Kinder welches entkommt — und stecken das Haus in Brand; so daß die am andern Tage zurückkehrenden Brüder nichts vorfinden als rauchende Trümmer und halbverkohlte Leichname.

Zwei wandernde Handwerksburschen finden einander auf dem Wege, machen Bekanntschaft und wandern mehre Tage miteinander. Der Eine ist ganz arm, der Andere weit besser mit Geld und Wäsche versehen, dabei aber sehr gutmüthig und freundlich. Er theilt Alles mit seinem ärmern Reisegefährten und pflegt ihn sogar mehre Tage bei einem Fieberanfall. Zum Dank ersieht sich der Andere eine gute Gelegenheit in einem einsamen Walde, ermordet den wohlthätigen Cameraden im Schlafe und beraubt ihn.

Der Kapitän eines Flußdampfbootes, das eine starke Waarenladung und zahlreiche Passagiere führen soll, macht im Einverständniß mit einigen seiner Leute den Plan, die Ladung hoch assekuriren zu lassen, statt der echten Waaren aber Gegenstände ohne Werth in die Fässer und Ballen zu packen, und dann auf der Reise das

Boot, ohne Rücksicht auf das Leben der Passagiere, absichtlich in Brand zu stecken oder explodiren zu lassen. Dieser Mord in Masse, entsprungen aus der niedrigsten Habgier, wird ausgeführt, und über hundert Menschen, unter welchen viele Frauen und Kinder, werden getödtet oder schrecklich verstümmelt. Der Capitän und seine Mitschuldigen aber entkommen unversehrt, weil sie ihre Vorsichtsmaßregeln getroffen und das Boot zu rechter Zeit verlassen haben.

Ein Ehemann, von verderbter Gemüthsart und Sitte, aber einer heuchlerischen Frömmigkeit sich befleißend, ist seiner Frau überdrüssig und hat geheimen Umgang mit einer Andern, die er heirathen möchte. Er beschließt, sich seiner Gattin zu entledigen, und zwar, um die Entdeckung zu vermeiden, durch allmälige Vergiftung. Er führt dies mit Sorgfalt und Vorsicht aus. Er beobachtet die Wirkung der verschiedenen Dosen, sieht die Leiden der Kranken, die sein Werk sind, hört ungerührt ihre Wehklagen und verstärkt nach und nach die Dosen, bis das Opfer als Leiche vor ihm liegt. Wem treten hier nicht Beispiele vor Augen, die sich in unserer Nähe ereigneten?

Ein Arzt (Palmer) den die Leidenschaft bei Pferderennen zu wetten beherrscht, der aber dabei wenig Glück hat, benützt seine medizinischen Kenntnisse, um nach und nach eine ganze Reihe seiner nächsten Verwandten zu vergiften, in der Absicht sie zu beerben, und dadurch die Befriedigung seiner Wettlust und die Fortsetzung eines ausschweifenden Lebens möglich zu machen.

Sollen wir auch noch an den Mörder Nolde erinnern, der vor einigen Jahren, um seinen zerrütteten Vermögensumständen aufzuhelfen, sich mit einem Mädchen verlobte, dann eines Abends die Arme zu einer einsamen Stelle des Rheinufers führte, sie hier auf grausame Weise ermordete, die Werthpapiere, welche sie bei sich trug, sich zueignete und den Leichnam in den Rhein warf?

Und wer erinnert sich nicht an die Greuelthaten des Franzosen Dümolard, der sich jahrelang ein Geschäft daraus machte, junge weibliche Personen unter dem Vorgeben, daß er ihnen einen guten Dienst verschaffen könne, an einsame Orte zu verlocken, sie hier zu nothzüchtigen, zu ermorden, zu berauben und dann im Walde zu verscharren?

Aehnliche Fälle könnten in Menge angeführt werden, aber die angeführten werden vollauf genügen.*) Und nun erlauben

*) Daß trotz der großen Geneigtheit zu begnadigen, die in der neuern Zeit sich zeigt, doch auch überall eine bedeutende Anzahl von Todesurtheilen zur Vollziehung kamen, ist ein Beweis, daß in allen Ländern noch immer viele Verbrechen vorkommen, die so schwer sind, daß die Vollstreckung der Todesstrafe als eine Nothwendigkeit erscheint, und daß nur sie den Rechtssinn des Volkes und des Fürsten befriedigt, obgleich dieser ganz freie Hand hat und nur seinem Gewissen Rechenschaft schuldig ist. Und zum weitern Belege, wie wenig auch die neueste Zeit von den grauenhaftesten und todeswürdigsten Missethaten frei ist, möge hier noch ein kurzes Verzeichniß solcher Verbrechen stehen, in der Reihenfolge, wie sie durch die Zeitungen bekannt geworden.

1) Den ersten Rang verdient hier die achtfache Mordthat des Ungeheuers Timm Thode, in Groß=Campen (Holstein) der am 7. Aug. 1866, mit reiflichem Vorbedacht und nach langen Vorbereitungen, seinen Vater, seine Mutter, seine vier Brüder, seine Schwester und ein Dienstmädchen kaltblütig und auf die grausamste Weise ermordete und dann, um die abscheuliche That zu verhüll n, das Haus in Brand steckte, — Alles aus Habgier, d. h. um alleiniger Besitzer des Vermögens zu werden. Ende Jan. 1868 wurde er in Itzehoe zum Tode verurtheilt und einige Monate später hingerichtet.

2) Aus Kaiserslautern wird unter den 5. Febr. 1868 mitgetheilt: Gestern Abend wurde die Leiche der 16jährigen Tochter des Metzgers Caspar Schäfer von Trippstadt, auf dem Pfaffenberge, etwas abseits vom Wege und im Gebüsche versteckt, mit einer tiefen Schnittwunde im Halse, aufgefunden. Das Mädchen hatte Tages vorher ihren Vater nach Kaiserslautern begleitet, von wo derselbe weiter seinem Geschäfte nachging, während die Unglückliche allein ihren Rückweg nach Trippstadt antrat. Die Untersuchung ergibt, daß das junge Mädchen nach heftiger Gegenwehr, wobei ihr Daumen und Finger der rechten Hand durchschnitten und noch andere Verletzungen beigebracht wurden, zuletzt durch einen gräßlichen Schnitt in den Hals getödtet und dann in entsetzlicher Weise geschändet wurde. Auf Raub war es nicht abgesehen, denn ihre Schmucksachen fehlten nicht. Der Thäter ist noch nicht entdeckt.

3) Aus Kaufbeuren, 7. Febr. 1868. Ein gräßliches Verbrechen ist heute Nacht dahier verübt worden. Der Theilhaber der hiesigen Spinnerei, H. Schrader, wurde sammt seiner Frau und Magd heute frühe ermordet aufgefunden. Da eine große Summe Geldes und Werthpapiere fehlen (man sagt 40—50000 fl.) so wird Raub das

wir uns, Jeden, auch den Befangensten, feierlich aufzufordern, daß
er die Hand auf's Herz lege und sage, ob nicht in solchen schauder-
berhaften Fällen die allgemeine Volksstimme, auch die der gebildeten und feinfühlenden Klassen, die Todesstrafe billige und for-
dere? Wir fordern ihn auf, sich lebhaft an die Stelle des Vaters,
Bruders oder Gatten einer jener entehrten und gemordeten Frauen
oder Mädchen (wie im ersten und zweiten der bezeichneten Fälle)
zu setzen und sich zu fragen, ob nicht jedes Gefühl in ihm sich
empören würde, wenn er wüßte, daß das Gesetz, auch bei dem
vollsten Beweise, als Strafe solcher unmenschlichen Missethaten nur
den Verlust der Freiheit verhänge, — daß ein so schändlicher und
gefühlloser Verbrecher im Gefängniß ein verhältnißmäßig ganz erträgliches Leben führen, sich vielleicht andern Verbrechern gegenüber seiner Missethat rühmen und von diesen als der Größte
unter ihnen bewundert und geehrt werde, wie es in Gefängnissen
so oft der Fall zu sein pflegt. Er frage sich, ob nicht solche Betrachtungen den tiefsten Unwillen über die unnatürliche Mattigkeit
des Gesetzes, über die Schlaffheit der Gesetzgeber, die gewissermaßen

Motiv der abscheulichen That gewesen sein. Auch wurde der Versuch
gemacht, das Haus niederzubrennen, was jedoch nicht gelang. Die
Thäter sind noch unbekannt.

4) Lille, 10. Febr. 1868. Die Annalen unser Kriminaljustiz sind um
einen entsetzlichen Fall reicher, um einen doppelten Brudermord, den
Jean Lacquement, ein Fabrikarbeiter, an seinen beiden, elf und
zehn Jahre alten Brüdern mit reiflichem Vorbedacht verübt hat. Die
beiden Kinder waren auf dem Wege aus ihrem väterlichen Hause in
Landas nach der Schule in Orchies, als der ältere Bruder mit einer
scharfen Hacke unter seiner Blouse ihnen nachschlich und sie nachein-
ander auf die grausamste Weise erschlug. Das Motiv des Verbrechens war wieder Habgier: Der Mörder wollte das kleine Vermögen
seiner Eltern allein erben.

5) Karlsruhe, 16. Mai 1868. Vor dem hiesigen Schwurgerichte fand
gestern und heute die Verhandlung der Anklage gegen den 21 jähri-
gen, schlecht beleumundeten und bereits häufig bestraften Fr. Ludw.
Abe von Durlach statt. Derselbe wurde des an Ludw. Klenert,
einem 79 Jahre alten, allein wohnenden Manne am Abend des 15.
Februar d. J. mit reiflichem Vorbedachte begangenen Raubmordes
für schuldig erklärt und zum Tode verurtheilt.

Doch genug der Gräuelthaten!

eine Mitschuld an dem Verbrechen trügen, in ihm erregen, ob sie nicht in seinem Herzen das heftigste Rachegefühl gegen den Verbrecher entzünden würde; — ob er sich nicht sogar sagen würde: „Wenn das Gesetz den verruchten Verbrecher nicht hinlänglich straft, so muß ich es selbst thun, sofern mir irgend Gelegenheit dazu geboten wird, erfolge daraus was da wolle!" So würde der Vater, der Gatte, der Bruder des entehrten und gemordeten Opfers fühlen und sprechen, und zwar um so gewisser, je höher seine Bildung stünde, je feiner sein Ehrgefühl ausgebildet wäre. Und das Volk würde ihm einstimmig Beifall geben. Freilich dürfen, im Prinzip, Rache und Selbsthilfe nie gebilligt werden. Aber eben darum, weil sie aus dem gesunden Rechtsstaate ausgeschlossen sein sollen, muß das Gesetz genügen, um in allen Fällen das natürliche Rechtsgefühl des Volkes und der Betheiligten zu befriedigen; es muß sich hüten, durch verkehrte Sentimentalität natürliche und wohl berechtigte Gefühle zu beleidigen und dadurch Rache und Selbsthilfe hervorzurufen. — Man wird hier unwillkürlich an die in Amerika so häufige Lynch-Justiz erinnert. Aber auch diese Lynch-Justiz, so wenig sie Lob verdient, hat nie eine andere Ursache und Veranlassung, als die, in der Regel aus lokalen Umständen oder aus der Unvollkommenheit des Gesetzes entspringende Ueberzeugung des Volkes, daß im gegebenen Falle der gesetzliche Justizgang ungenügend sei, — daß das davon zu erwartende Resultat dem natürlichen Rechtsgefühle des Volkes nicht entsprechen werde.

Alle bisherigen Betrachtungen, wenn sie wohlbegründet sind, führen zu dem Ergebniß: daß die Todesstrafe zwar auf die allerschwersten Verbrechen zu beschränken, aber keineswegs gänzlich aufzuheben sei; — daß sie namentlich beibehalten werden müsse für den mit böslichem Vorbedacht verübten Mord, oder wenigstens für die schwersten Fälle des Mordes, — für Fälle, die mit den oben aufgezählten in gleicher Linie stehen. Wir wollen uns hier nicht in der bestimmten Redaktion eines oder mehrerer Gesetzartikel versuchen, denn unsere Aufgabe war bloß, Grundprinzipien und allgemeine Gesichtspunkte zu entwickeln und festzustellen. Doch erlauben wir uns eine Idee auszusprechen, die

vielleicht am Besten geeignet wäre, allen wesentlichen Rücksichten zu
genügen und alle Ansichten zu vereinigen, namentlich auch der in
der M.'schen Schrift ausgeführten und wohl begründeten Betrach=
tung, daß selbst ein prämeditirter Mord unter Umständen in einem
mildern Lichte erscheinen kann, gebührende Rechnung zu tragen.

Diese Idee wäre, durch das Gesetz zu bestimmen, daß die
Todesstrafe, auch im Fall des Mordes, nur dann zu verhängen
sei, wenn die That unter besonders erschwerenden Um=
ständen verübt worden; — demzufolge in jedem einzelnen Falle
den Geschworenen aufzugeben, sich positiv darüber auszusprechen,
ob der Mord unter besonders erschwerenden Umständen
(ohne weitere Specifikation derselben) begangen worden, oder nicht;
— im ersten Fall würde die Todesstrafe, im zweiten lebenslängliche Freiheitstrafe mit schwerer Arbeit erfolgen. Die Geschwore=
nen würden diese Frage vielleicht selten bejahen; aber sie würden
sie bejahen in Fällen wie die oben beispielsweise erwähnten, — in
Fällen, wo es jedes gesunde Gefühl empören würde, wenn die
Todesstrafe wegfiele. Und alsdann wäre der bejahende Ausspruch
der Geschworenen zugleich der Beweis, daß ein Fall vorliegt, wo
die Volksstimme, — und zwar nicht blos die Stimme der rohen
Schichte — die Todesstrafe billigt und fordert; denn die Geschwo=
renen sind ja das beste Organ dieser Volksstimme und urtheilen
mit vollster Kenntniß aller Umstände und Beweise. Verneinen
aber werden sie die Frage in allen Fällen, wo die That ohne
besondere Grausamkeit und Verruchtheit begangen wurde, oder wo
sie in Bezug auf Motive oder Seelenstimmung zu irgend einer
der Rücksichten oder Bedenklichkeiten Veranlassung gibt, welche die
M.'sche Schrift p. 157 u. folg. so gründlich schildert. Zugleich
würde diese Einrichtung Alles beseitigen, was diese Schrift p. 115
u. folg. mit guten Gründen und mit Ausführlichkeit über das Miß-
liche der Begnadigungen, so wie über die peinliche Lage, in welche
jede Begnadigungsfrage den Regenten versetzen muß, bemerkt.
Denn wenn die Geschworenen positiv entschieden haben, daß der
Mord unter besonders erschwerenden Umständen verübt worden, so wird von Begnadigung kaum mehr die Rede sein

können, bun somit würden die Begnadigungen, in Fällen wo auf
Todesstrafe erkannt ist, wohl ganz wegfallen. Dies wäre in jeder
Hinsicht ein Gewinn; denn es läßt sich nicht verkennen, daß in
jeder Begnadigung ein Tadel liegt, der entweder das Gesetz oder
den gefällten Urtheilspruch trifft, und der sonach die Kraft und
Wirkung des Strafgesetzes schwächen, oder das Vertrauen des Vol=
kes zu den Gerichten erschüttern, oder endlich, wenn der Begnadi=
gungsakt dem Volksgefühle widerspricht, dem Regenten selbst Tadel
zuziehen muß.

Wollte man in der Vorsicht noch weiter gehen, so könnte
das Gesetz bestimmen, daß, nachdem die Geschworenen sich für das
Vorhandensein besonders erschwerender Umstände erklärt
haben, auch das Gericht über denselben Punkt berathe und ent=
scheide, und daß nur dann, wenn beide Erklärungen übereinstim=
men, die Todesstrafe zu verhängen sei. Dies würde eine doppelte
und jedenfalls genügende Garantie gewähren, auch die Gefahr, daß
die Verurtheilung einen Unschuldigen treffen könnte, fast gänzlich
beseitigen; — in der That sehr wünschenswerthe Resultate!

Bekanntlich ist in mehreren Staaten (Frankreich, Belgien ꝛc.)
den Geschworenen gestattet, auch bei dem Morde zu der Schul=
digsprechung den Zusatz zu machen, daß mildernde Umstände
obwalten, und zwar ohne Aufzählung derselben; worauf dann
nicht auf Todesstrafe, sondern auf eine geringere erkannt wird.
Unser Vorschlag ist von dieser Einrichtung sehr verschieden und
dürfte bedeutende Vorzüge vor derselben haben. Denn erstlich ist
er weit milder. Jene Einrichtung stellt als Regel auf, daß der
Mord mit dem Tode bestraft wird, und läßt nur als Ausnahme
zu, daß diese Strafe wegfällt, wenn die Geschworenen mildernde
Umstände annehmen. Unser Vorschlag hingegen geht dahin, daß
auch der Mord in der Regel nicht mit Tod zu bestrafen wäre,
sondern ausnahmsweise nur dann, wenn die Geschworenen positiv
sehr erschwerende Umstände annehmen. Hier ist also die Todes=
strafe Ausnahme, dort Regel. Zweitens hat jene Einrichtung
den großen Nachtheil, daß die Geschworenen sehr häufig, blos um
die Todesstrafe zu beseitigen, das Dasein mildernder Umstände

4

annehmen, wo auch nicht die entferntefte Spur davon vorhanden
ift, und daß fie auf folche Weife zugleich die thatfächliche Wahr=
heit, ihr Gewiffen und ihren Eid verletzen. Diefe Erfcheinung hat
etwas äußerft Widerwärtiges, wie Alles was der Wahrheit zu=
wider läuft, und follte am wenigften in der Rechtspflege — diefem
Tempel der Wahrheit — vorkommen. Ein folcher Uebelftand
würde nun durch unfern Vorfchlag ganz wegfallen; denn die bloße
Verneinung fehr erfchwerender Umftände würde fchon hinreichen
um die Todesftrafe zu befeitigen, und die Bejahung diefer Frage
würde ficherlich nie anders als in voller Uebereinftimmung mit
der Wahrheit und zugleich mit der Stimmung und dem Rechts=
bewußtfein des Volkes — und zwar der Beffern im Volke, zu
denen ja die Gefchworenen gehören — erfolgen.

Wir fchließen mit einigen Bemerkungen über die Frage der
Oeffentlichkeit der Hinrichtung.

Wenn es wahr ift, daß das Strafgefetz durch feine Drohung
Alle von Verbrechen abhalten foll, und daß, wenn dennoch ein
Verbrechen gefchieht, diefe Drohung vollzogen werden muß, damit
das Gefetz feine Kraft behalte, fo verfteht fich ganz von felbft, daß
diefe Vollziehung allgemein bekannt werden, mithin auf jeden Fall
einen gewiffen Grad von Oeffentlichkeit haben muß, und zwar zu
dem doppelten Zwecke, um einestheils die Vollftreckung genügend
zu beurkunden, und anderntheils, um durch den allgemeinen
Eindruck der Vollftreckung jene Kräftigung des Strafgefetzes zu
bewirken.

Nun aber ift kaum zu bezweifeln, daß die beiden erwähnten
Zwecke beffer durch volle Offentlichkeit des Strafaktes, als durch
Ausfchließung oder große Befchränkung derfelben erreicht wird. Die
Schwierigkeiten und Nachtheile der nicht=öffentlichen Hin=
richtung legt die M.'fche Schrift felbft p. 162 u. folg. fehr tref=
fend und ausführlich dar. Was aber die Nachtheile der öffent=
lichen Hinrichtung betrifft, fo find die gewöhnlich dagegen erho=
benen Einwendungen, wenn auch nicht ganz grundlos, doch fehr
übertrieben. Wenn behauptet wird, daß ein folcher Anblick den
rohen Theil des Volkes demoralifire, ja felbft zu neuen Verbrechen

reize, so ist dies die unnatürlichste Voraussetzung von der Welt. Wie sollte es zugehen, daß eine Hinrichtung durch das Fallbeil oder den Galgen in dem Zuschauer die Lust erwecken könnte, sich gleichfalls einem so schrecklichen Loose auszusetzen? Dies ist, als Regel genommen, psychologischer Unsinn, in welchen Niemand verfallen kann, der (wie Schreiber dieses) jemals eine Hinrichtung mit angesehen und das Verhalten des Volkes dabei beobachtet hat, oder der auch nur die Sache sich unbefangen vorstellen will. Der Eindruck einer Hinrichtung ist tief und schauerlich — wie er es sein soll — aber keineswegs zur Nachahmung reizend; im Gegentheil, er trägt in hohem Grade dazu bei, dem Volke den furchtbaren Ernst des Gesetzes einzuprägen und von Verbrechen abzuhalten. Sollte jemals bei einzelnen Personen das Gegentheil vorkommen, so ist dies gewiß eine sehr seltene Ausnahme und Folge einer krankhaften oder sehr überspannten und verkehrten Gemüthsverfassung. Solche Ausnahmsfälle aber dürfen das Verfahren nicht bestimmen. Der allgemeine Eindruck muß maßgebend sein, nicht der ungewöhnliche, ausnahmsweise.

Sonstige Rohheiten und Lärm mögen bei öffentlichen Hinrichtungen allerdings vorkommen; aber dies ist auch der Fall bei jeder andern großen und gemischten Versammlung. Solche Ungebührlichkeiten sind noch lange keine Demoralisirung, und sie werden meist durch irgend einen Mangel in dem Verfahren veranlaßt. Durch verständige Einrichtungen und gute polizeiliche Vorkehrungen läßt sich dem vorbeugen.

Sagt man, daß eine Hinrichtung dem Volke oft als Grausamkeit erscheine und Unwillen gegen das Gesetz, die Gerichte, die Regierung errege, so kann dies nur da gelten, wo die Todesstrafe mit dem Verbrechen im Mißverhältniß steht, niemals aber da, wo das Rechtsgefühl des Volkes selbst die Todesstrafe billigt. Geht die Verurtheilung von Geschworenen aus, so ist um so weniger zu fürchten, daß die Volksstimme mit dem Wahrspruch des Schwurgerichts — das ja selbst ein Volksgericht ist — im Widerspruch stehen werde.

Endlich liegt ein sehr gewichtiger Grund für volle Oeffentlichkeit der Hinrichtung darin, daß nach neuern und bessern Grund= sätzen das ganze Criminalverfahren, einschließlich des Urtheils, ein öffentliches sein soll; daß es daher eine höchst auffallende In= consequenz sein würde, wenn man dem wichtigen Schlußakte des Ganzen, — der Vollstreckung des Urtheils — die so schätzbare Garantie der Oeffentlichkeit entzöge. Auch haben bis jetzt die meisten civilisirten Staaten die volle Oeffentlichkeit der Hinrichtungen beibehalten.

Wollte man sich aber dennoch, aus Rücksicht auf die Be= denklichkeiten, welche die M.'sche Schrift (p. 104 u. folg. unter B) ausführlich darlegt, für die Heimlichkeit oder sehr beschränkte Oef= fentlichkeit der Hinrichtung entscheiden, d. h. für die Vollziehung des Strafaktes in einem geschlossenen Raume, unter Zuziehung einer mäßigen Anzahl von Personen als Zeugen zur Beurkundung derselben, — so müßte wenigstens, dem Zweck der Strafvoll= streckung gemäß, dafür gesorgt werden, daß sie zur allgemeinen Kenntniß gelangte, und zwar in solcher Weise, daß sie möglichst denselben heilsamen Eindruck hervorbrächte, wie die öffentliche Hin= richtung, ohne von den Nachtheilen der letztern begleitet zu sein. Und dies ließe sich in der That vielleicht durch ziemlich einfache Veranstaltungen erreichen, — z. B. wenn man, während des Aktes der Hinrichtung im geschlossenen Raume, die Todtenglocke in be= sonderer Weise läutete und eine schwarze Fahne über dem Lokal der Exekution aufpflanzte. Dies würde, mit Hülfe der Einbil= dungskraft, vielleicht eine eben so starke, oder gar noch stärkere Wirkung hervorbringen, als der unmittelbare Anblick der Hinrich= tung selbst. Freilich hat M. vollkommen Recht, wenn er p. 164 sagt: „Wir fragen jeden wohlgesinnten, nicht sentimentalen, sondern nur menschlich fühlenden Bewohner einer Stadt, in welcher ein Mensch hingerichtet wird, ob er nicht in einer aufgeregten, schmerz= lichen Stimmung sich befindet bei dem Bewußtsein, daß in diesem Augenblick eine Hinrichtung vollzogen wird?" — Gewiß wird jeder Verständige diese Frage bejahen; aber ein solcher Eindruck ist grade das was noth thut, und wir müssen wünschen, daß er nicht blos bei den „Wohlgesinnten", sondern hauptsächlich auch bei

ben Uebelgesinnten und Rohen entstehe. Strafgesetze sind überhaupt nicht dazu bestimmt, angenehme Empfindungen zu wecken,
und wir möchten uns zum Schluß erlauben, die Warnung auszusprechen, daß man sich wohl hüten möge, aus mißverstandener Humanität in das Schwert der Gerechtigkeit, das nicht nur blinken,
sondern auch schneiden soll, eine Scharte nach der andern zu schlagen und es allmälig so stumpf zu machen, daß es, anstatt Achtung
und Furcht einzuflößen und Alle in ihren heiligsten Rechten zu
schützen, den Rohen und Frechen, die nur durch dieses Schwert
im Zaum zu halten sind, zum Spott und Gelächter wird.*) Die
Gefahr eines solchen Mißgriffs dürfte um so näher liegen in un-
seren Tagen, wo Reform und Fortschritt allgemeine Losungsworte
sind, und wo dieser schöne Eifer und der Wunsch sich auf so
rühmlicher Bahn auszuzeichnen, leicht dazu führen kann, etwas zu
thun, was nur den Schein eines Fortschrittes hat, in der That
aber ein großer und gefährlicher Fehler sein würde.

---

*) Oder vielmehr, um richtiger zu sprechen, die Todesstrafe gänzlich
aufzuheben, hieße das Schwert der Gerechtigkeit zerbrechen und der ernsten
Göttin statt dessen einen Käfig in die Hand geben.